종말(말세)의 허구와 진실

이 책은 지금까지 알고 있던 종말의 실체는 물론
지금까지 베일에 쌓여있던 신앙의 허구와 진실을 밝히 드러내고자
기록을 하게 된 것입니다.
때문에 본서를 심도있게 정독한다면
그 동안 성경 속에 감추어져 있던 하나님의 비밀과
영적인 세계를 알게 될 것이며
신앙생활에도 많은 도움이 될 것입니다.

글·둘로스 데우·C / 시. 이명자

진리의 샘터 **의증서원**

종말(말세)의 허구와 진실

목 차

머리글

　오늘날 시대적 종말론 자들은 지금 이시대가 종말(終末), 즉 말세지말(末世至末)이라 말하고 있습니다. 때문에 오늘날 기독교인들은 물론 세인(世人)들까지 세상이 끝날지도 모른다는 불안과 공포감을 불러일으키고 있는 것입니다. 그러면 하나님께서 노아의 시대에 사람의 죄악이 관영(貫盈)함과 그 마음의 생각과 모든 계획이 악함을 보시고 하늘에서 비를 사십 주야를 내려 홍수로 모든 생물을 쓸어버린 것과 같이 오늘날 부패한 인간들을 보시고 하나님께서 다시 홍수나 유황불로 이 세상을 멸하신단 말인가?

　그런데 하나님은 세상을 홍수로 멸하신 후 방주에서 나온 노아에게 내가 이후에는 너의 후손과 모든 생물들을 다시는 멸하지 않겠다고 약속하시며 그 증표로 구름 속에 무지개를 주신 것입니다. 그런데도 하나님께서 이 세상을 다시 물이나 혹은 불로 심판을 하신단 말인가? 성경에는 세상 종말에 대해서 이미 예언이 되어 있고 말세의 징조도 말씀하고 있습니다. 그러므로 말세의 진실과 정답은 성경에서 찾아 볼 수밖에 없습니다. 그러면 예수님께서 성경을 통해

서 말씀하고 있는 종말의 진실은 무엇이며 거짓은 무엇일까?

오늘날 기독교인들은 종말(終末)이 오면 타 종교인들이나 불신자들은 심판을 받아 멸망을 당하지만 자신들은 공중으로 들림을 받아 공중에서 혼인 잔치를 하고 하나님이 계신 천국으로 들어간다 믿고 있습니다. 과연 기독교인들이 주장하는 것과 같이 종말에 그러한 일들이 일어날까? 이러한 현상들은 하나님께서 말씀하시는 종말의 영적인 의미를 모르기 때문에 나타나는 것입니다. 그런데 오늘날 기독교인들은 예수님이 말씀하시는 종말만 모르는 것이 아니라 천국이 어느 곳에 있는지 그리고 천국은 어떻게 가며 또한 어떤 사람이 들어가는 곳인지도 모르면서 예수님이 구름타고 오신다는 종말(말세)을 기다리고 있는 것입니다.

예수님은 이 세상을 떠나면서 내가 지체하지 않고 속히 곧 오겠다고 분명히 약속을 하고 가셨음에도 불구하고 이천년이 지난 지금까지 부도(不渡)를 내고 오시지 않고 있습니다. 그런데 왜 거짓이 없으시고 진실한 예수님이 무엇 때문에 약속을 어기고 지금까지 오시지 않을까? 그러면 혹시나 예수님은 약속대로 당시에 예수님을 찌른 자도 볼 수 있게 이미 속히 와 계신데 유대인들처럼 오늘날 기독교인들도 영안이 없어 보지 못하고 있는 것은 아닐까? 요한일서 4장을 보면 너희가 다시 오리라 한 예수님을 기다리고 있지만 예수님은 이미 벌써 세상에 와 계신다 말씀하고 있습니다.

그런데 기독교인들은 이러한 말씀을 믿지 않고 지금도 구름타고 혜성(彗星)과 같이 나타나실 예수님을 기다리며 신앙생활을 하고 있는 것입니다. 왜냐하면 유대인들이 하나님의 말씀보다 유대교의 교리와 유전(遺傳)을 중심으로 한 제사장의 말을 믿는 것과 같이 오늘날 기독교인들도 성경 말씀보다 기독교가 만든 교리와 전통신앙을 중심으로 한 목회자의 말을 더 믿고 신뢰(信賴)하기 때문입니다. 그래서 오늘날 기독교인들이 신앙생활을 아무리 열심히 해도 종말의 실체가 무엇이며 말세가 언제인지 또한 교회(성전)의 실체는 무엇인지 그리고 오늘날 예수님이 어디 계신지도 모르고 있는 것입니다.

그보다 자신이 드리는 예배와 제물을 하나님이 받으시는지 아니 받으시는지 그리고 날마다 드리는 기도를 하나님이 들으시는지 아니 들으시는지도 모르는 상태에서 신앙생활을 하고 있다는 것입니다.

　그러므로 저자는 이번에 출간하는 "종말(말세)의 허구와 진실"을 통해서 종말의 실체는 물론 지금까지 베일에 쌓여있던 신앙의 허구(虛構)와 진실을 밝히 드러내고자 기록을 하게 된 것입니다.

　때문에 본서를 심도(深度) 있게 정독(精讀)한다면 그동안 성경 속에 감추어져 있던 하나님의 비밀들을 분명하고도 확실하게 알게 될 것입니다.

둘로스 데우. C

1. 종말의 허구와 진실

하나님께서
성경이나 예수님을 통해서 말씀하고 계신 종말은
시대적인 종말이 아니라
사람 안에서 일어나는 개인적인 종말을
말씀하고 있는 것입니다.

종말의 허구와 진실

세상이 끝나는 종말(말세)은 과연 오는 것일까? 종말이 온다면 언제 오며 종말에는 어떠한 일들이 일어날까? 지구가 멸망하는 종말이 오면 노아의 때와 같이 인간들은 물론 모든 생물들까지 모두 죽어 버리는 것일까? 아니면 기독교인들의 말대로 모든 사람이 다 죽어도 예수를 믿는 기독교인이나 혹은 어느 특정한 사람들만 살아남는 것일까? 그러면 종말이 인간들에게 가져다주는 진정한 의미와 교훈은 무엇일까? 그보다 인간들이 궁금해 하면서도 지금까지 해결하지 못하고 의문에 쌓여있는 종말의 실체는 과연 무엇일까? 인간들은 창세 이후 지금까지 종말에 대한 의구심과 두려움 때문에 수많은 종교인들과 철학자들이 연구를 하고 있으며 예언가들은 종말에 대한 예언을 하고 있지만 아직도 종말의 문제는 명확히 해결되지 않고 있습니다.

요즈음 천재지변으로 인한 지진과 해일 그리고 화산 폭발과 곳곳에서 산불이 일어나 강산이 잿더미로 변하고 또한 가뭄으로 인해 기근과 각종 질병으로 죽어가는 사람들을 보면서 사람들은 이구동성으로 종말이 가까이 왔다고 말합니다. 그 뿐만 아니라 종교의 분쟁으로 인해 전쟁과 자

살 폭탄으로 사람들이 수없이 죽어가며 또한 마약과 알코올 중독으로 인해 수많은 사람들이 병들어 죽어가고 있는 것입니다. 사람들은 이러한 현상들을 바라보면서 말세라 말하며 종교인들은 이제 하나님께서 세상을 심판하는 종말이 왔다 말하고 있습니다. 그런데 종말은 우주의 자연적 천재지변으로 일어나는 것인지 아니면 우주를 창조하고 주관하시는 절대자, 즉 하나님께서 부패한 인간들을 보시고 진노하심으로 인류를 심판하기 위해 나타나는 것인지 모르고 있다는 것입니다.

사람들은 이세상이 부패된 것을 모두 공감하며 종말이 곧 온다고 생각하고 있지만 종말이 언제, 어느 때인지 또한 종말에는 어떠한 일이 일어나는지 모르고 있습니다. 때문에 거짓 선지자와 삯꾼목자들은 교인들에게 종말이라는 공포감을 조성하여 금품을 착취하고 있으며 종말이 곧 도래한다는 거짓목자의 말에 속아 재산을 헌납하며 세상을 등지고 죽어간 영혼들도 많이 있습니다. 이렇게 기독교에서는 예전부터 종말이 곧 온다는 것을 기정사실화하면서 종말에 대해서 예언도 하며 기다리고 있지만 아직도 종말은 오지 않고 있는 것입니다.

그런데 요즈음 전능자교회에 전능자라는 교주가 혜성

과 같이 나타나 지금이 바로 국도시대, 즉 세상을 심판하는 종말이라 말하고 있으며 증산상제님을 모시고 있는 증산도 에서도 지금이 바로 개벽시대라고 하면서 지구의 종말은 이미 시작이 되었다 말하고 있습니다. 이렇게 모든 종교나 예언가들이 주장하는 종말은 한결같이 한시적이며 시대적 인 종말, 즉 지구가 멸망하여 세상이 끝나는 외적인 종말을 말하고 있다는 것입니다. 그런데 거짓 선지자들은 하나님 께서 천재지변이나 핵무기를 통해서 지구를 모두 멸할 때 자기 종교인들만은 살아남고 타 종교인들이나 불신자들은 모두 죽는다 말하고 있습니다.

즉 서울 한복판에 핵무기가 투하되어 모든 건물과 사람 들과 짐승들까지 모두 초토화 되어도 자기 교인들은 죽지 않고 살아남는다는 것입니다. 이렇게 종말이 오면 예수를 믿는 기독교인들은 살아서 공중으로 들림을 받아 예수님과 혼인잔치를 한다는 것이며 전능자교회는 종말이 오면 전능 자를 믿고 있는 자신들만 살고 다른 사람들은 모두 심판을 받아 죽는다 말하고 있다는 것입니다.

또한 신천지교회는 자기 교회에 신실한 교인 십사만 사 천 명이 차면 종말이 와서 자신들이 왕 노릇을 한다는 것이 며 여호와의 증인들은 종말이 오면 자신들이 이세상의 주인이 되어 땅을 몇 고을씩 기업으로 받아 왕 노릇을 하며 영화를 누리게 된다 말하고 있는 것입니다. 그런데 증산도는 상생(서로 사는 것)과 춘생추살(봄에 씨를 뿌려 여름이 지나 가을에 곡식을 거두는 것)을 주장하며 이 시대가 곧 증산상제님께서 인간들을 추수하는 가을철이기 때문에 천지가 개벽하듯이 이 세상은 끝나고 새로운 시대가 펼쳐진다 말하고 있는 것입니다.

이렇게 기독교인들이나 타 종교인들도 종말을 한시적이고 시대적인 세상의 종말을 주장하며 지금이 곧 세상이 끝나는 말세라 말하고 있는 것입니다. 그러면 이렇게 각 종교 단체나 예언자들은 모두 종말이 곧 온다고 주장하는데 하나님께서는 종말을 어떻게 말씀하고 계실까요? 하나님과 예수님을 구주로 믿고 있는 하나님의 백성들이라면 하나님께서 말씀하고 계신 종말에 대해서 반드시 알아야 한다고 생각합니다. 하나님께서는 시대적인 세상의 종말과 각 사람에게 일어나는 영적인 종말에 대해서 말씀하고 있습니다. 그런데 종교인들이나 예언자들은 하나님께서 말씀하시는 영적인 종말을 모르기 때문에 모두 세상적이고 시대적인 종말을 말하고 있는 것입니다.

그러므로 하나님께서 말씀하시는 영적인 종말보다 먼

저 하나님께서 이 세상을 멸하신 시대적 종말에 대해서 알아보기로 하겠습니다.

[창세기 6장 5~7절] 여호와께서 사람의 죄악이 세상에 관영함과 그 마음의 생각의 모든 계획이 항상 악할 뿐임을 보시고 땅위에 사람 지으셨음을 한탄하사 마음에 근심하시고 가라사대 나의 창조한 사람을 내가 지면에서 쓸어 버리되 사람으로부터 육축과 기는 것과 공중의 새까지 그리하리니 이는 내가 그것을 지었음을 한탄함이니라 하시니라.

[창세기 7장 4절] 지금부터 칠일이면 내가 사십 주야를 땅에 비를 내려 나의 지은 모든 생물을 지면에서 쓸어버리리라.

[창세기 7장 17~22절] 홍수가 땅에 사십일을 있었는지라 물이 많아져 방주가 땅에서 떠 올랐고 물이 더 많아져 땅에 창일하매 방주가 물위에 떠 다녔으며 물이 땅에 더욱 창일하매 천하에 높은 산이 다 덮였더니 물이 불어서 십오 규빗이 오르매 산들이 덮인지라 땅위에 움직이는 생물이 다 죽었으니 곧 새와 육축과 들짐승과 땅에 기는 모든 것과 모든 사람이라 육지에 있어 코로 생물의 기식을 호흡하는 것은 다 죽었더라.

상기의 말씀을 보면 하나님께서 사람의 죄악이 세상에 가득하고 그 마음과 생각이 항상 악한 것을 보시고 사람을 지으셨음을 한탄하시며 마음에 근심하여 말씀하시되 내가 창조한 사람을 모두 지면에서 쓸어버리되 사람으로부터 육축과 기는 것과 공중의 새까지 모두 멸하시겠다는 것입니다. 그래서 하나님은 사십 주야를 땅에 비를 내려 모든 생물을 지면에서 쓸어버리겠다는 결심을 하시고 땅에 사십일 동안을 비를 내리시며 또한 땅 속에서도 샘이 터져 물이 나오게 하여 천하에 높은 산이 모두 물에 잠기게 된 것입니다. 때문에 땅위에 움직이는 생물 곧 새와 육축과 들짐승과 땅에 기는 모든 것과 모든 사람이 죽게 된 것입니다.

　이렇게 하나님께서 부패한 인간들을 보시고 진노하심으로 말미암아 지구상의 모든 생물들을 홍수로 멸하시는 종말이 도래 된 것입니다. 그러므로 노아의 홍수 때에 오직 노아의 가족과 방주에 들어갔던 짐승들과 육축과 새들이 살아서 지금까지 대를 이어오고 있는 것입니다. 그런데 하나님께서 땅의 모든 생물을 멸하신 후에 노아에게 앞으로는 너와 너의 후손과 너와 함께한 생물들을 다시는 멸하시지 않겠다고 약속을 하신 것입니다.

[창세기 9장 8~17절] 하나님이 노아와 그와 함께한 아들들에게 일러 가라사대 내가 내 언약을 너희와 너희 후손과 너희와 함께한 모든 생물 곧 너희와 함께한 새와 육축과 땅의 모든 생물에게 세우리니 방주에서 나온 모든 것 곧 땅의 모든 짐승에게니라 내가 너희와 언약을 세우리니 다시는 모든 생물을 홍수로 멸하지 아니할 것이라 땅을 침몰할 홍수가 다시 있지 아니하리라 하나님이 가라사대 내가 나와 너희와 및 너희와 함께하는 모든 생물 사이에 영세까지 세우는 언약의 증거는 이것이라 내가 내 무지개를 구름 속에 두었나니 이것이 나의 세상과의 언약의 증거니라 내가 구름으로 땅을 덮을 때에 무지개가 구름 속에 나타나면 내가 나와 너희와 및 혈기 있는 모든 생물 사이의 내 언약을 기억하리니 다시는 물이 모든 혈기 있는 자를 멸하는 홍수가 되지 아니할찌라 무지개가 구름 사이에 있으리니 내가 보고 나 하나님과 땅의 무릇 혈기 있는 모든 생물 사이에 된 영원한 언약을 기억하리라 하나님이 노아에게 또 이르시되 내가 나와 땅에 있는 모든 생물 사이에 세운 언약의 증거가 이것이라 하셨더라.

　상기의 말씀은 하나님이 노아와 그와 함께한 아들들에게 다시는 멸하지 않겠다고 노아에게 약속을 하신 것입니다. 하나님은 내가 내 언약을 방주에서 나온 너희와 너희 후손과 너희와 함께한 모든 생물 곧 너희와 함께한 새와 육축과 땅의 모든 생물에게 세우리니 다시는 모든 생물을 홍수로 멸하지 아니할 것이라 말씀하고 있습니다. 때문에 하나님은 노아에게 앞으로는 땅을 침몰할 홍수가 다시 있지 아니하리라는 언약을 세우신 것입니다.

하나님은 내가 너희와 및 너희와 함께하는 모든 생물 사이에 영세까지 세우는 언약의 증거로 내가 내 무지개를 구름 속에 두었나니 이것이 곧 내가 세상을 다시 멸하지 않겠다는 언약의 증표라 말씀하고 있습니다. 하나님께서 언약의 증표로 구름 속에 무지개를 두셨다고 말씀하시는데 구름은 영적으로 무엇을 말하며 또한 무지개는 무엇을 상징하여 말씀하시는지를 모르면 이 말씀은 이해 할 수 없습니다.

하나님께서 말씀하시는 구름과 무지개는 영적인 비밀로 구름은 하나님의 말씀을 말하며 구름 속에 있는 무지개는 말씀 속의 말씀, 즉 생명의 말씀이며 바로 예수그리스도를 비사로 말씀하신 것입니다. 때문에 하나님께서 노아의 홍수 이후로는 세상을 직접 멸하시지 않으시고 무지개 곧 예수님을 통해서 구원과 심판을 하시겠다는 것입니다.

그러므로 하나님께서 하나님의 아들이신 예수그리스도를 이 땅에 구원자로 보내시며 심판과 구원하는 권세를 모두 아들에게 위임하신 것입니다. 그래서 오늘날 하나님의 백성들은 하나님께서 구원자로 보내주시는 예수님을 구세주로 믿고 신앙생활을 하고 있는 것입니다.

　　때문에 오늘날 기독교인들은 예수님이 성경을 통해서 말씀하시는 영적인 종말을 올바로 알아야 합니다. 왜냐하면 예수님은 길이요 진리요 생명으로 오늘날 하나님의 백성들을 구원하러 오신 하나님의 아들이기 때문입니다. 그러므로 이제 예수님께서 성경을 통해서 말씀하신 영적인 종말의 진실에 대해서 알아보기로 하겠습니다.

　　[마태복음 24장 1∼14절] 예수께서 성전에서 나와서 가실 때에 제자들이 성전 건물들을 가리켜 보이려고 나아오니 대답하여 가라사대 너희가 이 모든 것을 보지 못하느냐 내가 진실로 너희에게 이르노니 돌 하나도 돌 위에 남지 않고 다 무너뜨리우리라 예수께서 감람산 위에 앉으셨을 때에 제자들이 종용히 와서 가로되 우리에게 이르소서 어느 때에 이런 일이 있겠사오며 또 주의 임하심과 세상 끝에는 무슨 징조가 있사오리이까 예수께서 대답하여 가라사대 너희가 사람의 미혹을 받지 않도

록 주의하라 많은 사람이 내 이름으로 와서 이르되 나는 그리스도라 하여 많은 사람을 미혹케 하리라 난리와 난리 소문을 듣겠으나 너희는 삼가 두려워 말라 이런 일이 있어야 하되 끝은 아직 아니니라 민족이 민족을 나라가 나라를 대적하여 일어나겠고 처처에 기근과 지진이 있으리니 이 모든 것이 재난의 시작이니라 그 때에 사람들이 너희를 환란에 넘겨주겠으며 너희를 죽이리니 너희가 내 이름을 위하여 모든 민족에게 미움을 받으리라 그 때에 많은 사람이 시험에 빠져 서로 잡아 주고 서로 미워하겠으며 거짓 선지자가 많이 일어나 많은 사람을 미혹하게 하겠으며 불법이 성하므로 많은 사람의 사랑이 식어지리라 그러나 끝까지 견디는 자는 구원을 얻으리라 이 천국 복음이 모든 민족에게 증거되기 위하여 온 세상에 전파되리니 그제야 끝이 오리라.

상기의 말씀은 예수님의 제자들이 예수님에게 세상의 끝, 즉 세상의 종말과 주님이 임하시는 날에 대해서 질문을 할 때 예수님께서 세상 끝과 주의 임하심에 대해서 하신 말씀입니다. 그런데 예수님은 놀랍게도 기독교인들이 지금까지 알고 있는 지구의 종말이나 한시적인 세상 끝을 말씀하시는 것이 아니라 각 사람에게 일어나는 개인적 종말을 말씀하시는 것입니다. 즉 예수님은 세상이 멸망하는 날이 종말이 아니라 육적존재와 혼적존재가 죽는 날이 종말이라 말씀하시며 이렇게 육적존재와 혼적존재가 종말(말세)이 되어 죽어 없어질 때 주가 임하신다 말씀하고 있습니다.

예수님은 세상의 끝과 주가 임하시는 날이 언제냐고 묻는 제자들에게 성전의 비유를 들어 이렇게 말씀하고 있습니다. 예수님이 제자들과 함께 성전에서 나와 걸어가실 때에 제자들이 예루살렘 성전 건물을 바라보며 서로 주고받는 말을 들으시고 예수님께서 "너희는 이 성전을 보지 못하느냐 내가 진실로 너희에게 이르노니 이 성전을 돌 하나도 돌 위에 남기지 않고 다 무너뜨리겠다"고 말씀하시는 것입니다.

예수님의 말씀을 들은 제자들은 이 말씀이 이해되지 않아 궁금하기도 하고 두렵기도 하여 예수님이 감람산 위에 앉으셨을 때에 조용히 찾아가서 어느 때에 이런 일, 즉 성전이 모두 무너지는 일이 있겠사오며 또 주의 임하심과 세상 끝에는 무슨 징조가 있느냐고 묻는 것입니다. 예수님은 제자들에게 세상 끝과 주의 임하심에 대해서 이미 성전의 비유를 들어서 말씀을 하셨는데도 불구하고 제자들은 이해가 되지 않아 다시 묻는 것입니다.

예수님은 제자들에게 하나님의 백성들이 자신 안에 비진리로 건축해놓은 성전이 무너지는 날이 곧 세상의 끝이며 자신이 지은 성전이 모두 무너지면 주가 오신다고 말씀하신 것입니다. 오늘날 기독교인들은 교리를 통해서 자신 안에 하나님의 성전을 지어놓고 자신 안에 성령님이 계시고 예수님이 계신다 말하고 있습니다. 그러나 성령님이나 예수님은 거룩하시기 때문에 더러운 성전, 즉 죄인의 몸 안에는 거하시지 않고 들어 가시지도 않습니다.

　　오늘날 기독교인들은 자신 안에 멸망의 가증한 것, 즉 마귀나 귀신이 들어 있는 것도 모르고 자기 안에 예수님이 계시고 또한 성령이 계신다 큰 소리치고 있습니다. 그러나 예수님은 너희 안에 하나님이 계신 것이 아니라 멸망의 가증한 것, 즉 귀신과 마귀가 성령과 예수님으로 위장을 하고 앉아 있다고 말씀하십니다.

　　때문에 예수님께서 하나님의 백성들인 유대인들에게 "뱀들아 독사의 자식들"이라 말씀하시면서 "너희는 너희 아비 마귀에서 났다"고 말씀하신 것입니다.

　　[요한복음 8장 44~45절] 너희는 너희 아비 마귀에게서 났으니 너희 아비의 욕심을 너희도 행하고자 하느니라 저는 처음

부터 살인한 자요 진리가 그 속에 없음으로 진리에 서지 못하고 거짓을 말할 때마다 제 것으로 말하나니 이는 저가 거짓말장이요 거짓의 아비가 되었음이니라 내가 진리를 말함으로 너희가 나를 믿지 아니하는도다.

[마태복음 23장 29~34절] 화 있을찐저 외식하는 서기관들과 바리새인들이여 너희는 선지자들의 무덤을 쌓고 의인들의 비석을 꾸미며 가로되 만일 우리가 조상 때에 있었더면 우리는 저희가 선지자의 피를 흘리는데 참예하지 아니하였으리라 하니 그러면 너희가 선지자를 죽인 자의 자손 됨을 스스로 증거함이로다 너희가 너희 조상의 양을 채우라 뱀들아 독사의 새끼들아 너희가 어떻게 지옥의 판결을 피하겠느냐 그러므로 내가 너희에게 선지자들과 지혜 있는 자들과 서기관들을 보내매 너희가 그 중에서 더러는 죽이고 십자가에 못 박고 그 중에 더러는 너희 회당에서 채찍질하고 이 동네에서 저 동네로 구박하리라.

예수님께서 "너희는 너희 아비 마귀에서 났다"고 하시는 말씀이나 "뱀들아 독사의 자식들"이라 말씀하시는 대상은 이방인이나 타 종교인이 아니라 하나님을 유일신으로 믿고 있는 유대인들, 즉 하나님의 백성을 말하며 오늘날 기독교인들을 말하고 있는 것입니다. 예수님께서 이런 말씀을 하시기 때문에 유대인들이 예수님을 귀신 들린 자요 이단의 괴수로 몰아 십자가에 못 박아 죽인 것입니다. 그러나 예수님은 지금도 너희의 아비는 마귀라고 질책을 하면서 그 동안 비 진리로 너희 안에 건축한 더러운 성전을 헐라 말씀하고 있습니다.

그러면 내가 진리, 즉 생명의 말씀으로 삼일 동안에 거룩한 새 성전을 짓겠다고 말씀하시는 것입니다. 왜냐하면 하나님께서는 사람의 손으로 지은 건물성전이나 비 진리 곧 각종교리로 자신 안에 지어 놓은 더러운 성전에는 계실 수 없기 때문입니다. 때문에 오늘날 기독교인들은 자신 안에 각종교리로 건축해 놓은 더러운 성전을 모두 헐어버려야 하는 것입니다. 이렇게 예수님은 자신 안에 건축해 놓은 성전의 돌이 하나도 남김없이 다 무너지는 날이 세상 끝이며 종말이라고 분명히 말씀하신 것입니다.

그런데 제자들은 예수님이 무너뜨려야 한다는 성전과 성전을 무너뜨리는 돌의 실체를 모르고 있는 것입니다. 예수님께서 말씀하시는 성전은 말씀으로 우리 안에 건축하는 마음의 성전을 말하며 돌은 산돌, 즉 생명의 말씀을 비유하여 말씀하신 것입니다.

[고린도전서 3장 16~17절] 너희가 하나님의 성전인 것과 하나님의 성령이 너희 안에 거하시는 것을 알지 못하느뇨 누구든지 하나님의 성전을 더럽히면 하나님이 그 사람을 멸하시리라 하나님의 성전은 거룩하니 너희도 그러하니라.

상기와 같이 하나님의 성령이 거하시는 성전은 사람이 손으로 건축한 건물이 아니라 하나님의 말씀으로 건축한 사람(너희)이라 말씀하고 있습니다. 그런데 하나님의 성전을 잘못 짓거나 더럽히면 모두 멸하시겠다는 것입니다. 즉 비 진리(각종교리와 유전)로 건축된 성전이나 더럽게 된 성전은 모두 무너뜨리겠다는 말씀입니다. 그런데 성전을 무너뜨린다는 돌은 건축자재로 쓰는 돌이 아니라 하나님의 말씀을 비유하여 말씀하고 있는 것입니다.

예수님께서 말씀하시는 돌은 원문성경을 통해 보면 돌이 같은 돌이 아니라 돌(리도스)과 윗돌(에피리도스)로 기록되어 있는데 성경에 '돌'은 '말씀'을 비유한 것으로 단순한 돌은 아직 하나님의 생명이 없는 자(제사장과 목사)들이 전하는 말씀을 말하며 윗돌은 하나님의 생명을 가진 자(예수님)가 전하는 생명의 말씀을 말씀하신 것입니다. 이렇게 성전으로 건축된 돌을 무너뜨릴 수 있는 산 돌은 산 자의 입에서 나오는 생명의 말씀을 말하고 있는 것입니다. 그러므로 건물성전은 삯꾼목자들이 전하는 교리와 지식적인 말씀으로 건축된 더러운 성전을 비유한 것이며 예수님이 건축하는 하나님의 성전은 생명의 말씀으로 건축하는 성전을 말하고 있습니다. 때문에 삯꾼목자들이 건축한 성전은 하나님의 아들이 전하는 생명의 말씀에 의해 모두 무너져야하는 것입니다.

이렇게 각종교리와 비 진리로 잘못 건축된 더러운 성전이 모두 무너지는 날이 종말이며 이때 주님이 오셔서 새 성전을 건축하시는 것입니다. 즉 그동안 세상교회의 신앙생활을 통해서 자신 안에 각종교리와 지식적인 말씀으로 건축한 성전을 생명의 말씀으로 모두 무너뜨리면 주님이 오신다는 뜻입니다. 때문에 예수님께서 예루살렘성전을 가리키면서 "이 성전을 헐라 그리하면 내가 사흘 만에 다시 일으키리라"고 말씀하신 것입니다. 그런데 당시에는 예수님께서 이 성전을 헐면 내가 사흘 만에 다시 일으킨다는 말씀을 예수님의 제자들도 이해하지 못한 것을 볼 수 있습니다.

예수님은 이 말씀대로 예수님의 제자들 안에 건축된 옛 성전을 사흘(삼년)동안 무너뜨리고 생명의 말씀으로 제자들 안에 새 예루살렘성전을 건축하여 열두 사도(성전)를 만드신 것입니다. 이렇게 예수님께서 성전을 무너뜨린다는 것은 지금까지 각종교리와 기복신앙으로 형성된 자기 자신, 즉 자아가 죽는 것을 말하며 자아가 죽어 무아가 되면 주가 임하여 진아, 즉 하나님의 아들로 부활이 된다는 뜻으로 말씀하신 것입니다.

예수님은 이렇게 자신 안에 비 진리로 건축된 성전이 모두 무너지는 날이 곧 세상의 끝이라 말씀하고 있으며 이때 주가 임하신다고 말씀하고 있습니다. 그런데 이렇게 옛 성전이 무너지고 새 성전이 건축되는 과정에는 수많은 미혹과 환란과 고통이 따른다고 비유를 들어서 말씀하십니다.

예수님은 너희가 옛 성전을 헐고 다시 하나님의 새 성전을 건축하려면 사람의 미혹을 받지 않도록 주의하라는 것입니다. 왜냐하면 많은 거짓 선지자와 삯꾼목자들이 내 이름을 가지고 와서 내가 그리스도라고 하면서 많은 사람을 미혹하기 때문이라는 것입니다.

예수님의 말씀과 같이 오늘날 내가 예수다 메시아다 하나님이다 하는 자들이 수없이 나타나서 지금이 곧 말세라고 거짓말을 하며 교인들을 미혹하고 있는 것입니다.

예수님은 하나님의 백성들 안에서 일어나는 개인의 종

말을 말씀하시는데 거짓 선지자와 삯꾼목자들은 한시적이고 시대적인 외적인 종말을 주장하면서 교인들에게 공포심을 불어 넣고 있는 것입니다. 이어서 예수님은 "너희가 난리와 난리의 소문을 듣겠으나 너희는 두려워하지 말라"고 하시면서 이런 일이 있어야 하되 아직 세상의 끝이 아니라고 말씀하십니다. 그리고 민족이 민족을 나라가 나라를 대적하여 일어나겠고 처처에 기근과 지진이 있으리니 이 모든 일들은 말세가 이른 자들에게 나타나는 현상이라고 말씀하십니다.

예수님께서 말씀하시는 난리와 난리의 소문은 육신에 속한 자와 영에 속한 자들이 대적하며 싸운다는 것이며 민족과 민족이 나라와 나라가 대적한다는 말씀은 하늘에 속한 자들과 세상에 속한 자, 즉 애굽에 있는 육신적 존재(교리와 기복신앙)가 광야로 나온 혼적존재(율법신앙)를 대적하여 싸우며 광야의 혼적 존재들은 가나안 땅에 있는 영적 존재(은혜와 진리)들을 대적을 하며 싸운다는 것입니다.

이렇게 하나님의 백성인 이들이 서로 싸우는 것은 영적인 차원이 다르고 살아가는 신앙의 세계가 서로 다르기 때문입니다. 이렇게 애굽의 교리와 기복적인 신앙생활을 하는 종교인들은 광야의 율법을 가진 하나님의 종들을 이단이라 배척을 하며 싸우고 광야에서 율법을 가지고 훈련을 받고 있는 종들은 가나안에 진리와 생명을 소유하고 있는 하나님의 아들들을 이단이라 배척을 하며 싸우고 있는 것입니다.

이와 같이 가나안에 들어가면 애굽의 존재와 광야의 존재들이 너희를 환란에 넘기며 죽인다는 것입니다. 또한 너희가 내 이름, 즉 내 말씀 때문에 모든 민족에게 미움을 받게 된다고 말씀하고 있습니다. 왜냐하면 멸망의 넓은 길을 가는 자들이 시험에 빠져 생명의 좁은 길을 가는 자들을 서로 잡아주고 서로 미워하게 되며 거짓 선지자가 많이 일어나 많은 사람을 미혹케 하며 또한 불법 곧 비 진리가 번성함으로 많은 사람의 사랑이 식어지기 때문이라는 것입니다. 그러나 생명의 좁은 길을 가는 자들이 이러한 시험과 미혹과 환난들을 잘 참고 끝까지 견디면 구원을 얻어 하나님의 아들로 거듭나게 된다는 것입니다.

예수님은 이어서 이 천국복음이 모든 민족에게 증거 되기 위하여 온 세상에 전파되리니 그제야 끝이 온다고 말씀하고 있습니다. 이 말씀 때문에 오늘날 기독교인들은 이제 온 세상에 복음이 전파되어 곧 예수님이 오신다고 말하는 것입니다. 그런데 원문성경에 온 세상은 이 세상을 말하는 것이 아니라 모든 집안(엔 오이쿠메네)이라 기록되어 있기 때문에 이 말씀의 진정한 뜻은 천국복음(생명의 말씀)이 온 몸 안에, 즉 말씀이 내 안에 아구까지 채워져 세상적인 혼적존재가 죽으면 주님이 임하여 영적인 하나님의 아들로 거듭난다는 것을 비유로 말씀하신 것입니다.

이것은 요한복음 2장 가나혼인 잔치에서 두세 통 드는 돌 항아리에 물을 아구까지 채워 포도주를 만드신 것과 같은 것입니다.

[요한복음 2장 1~4절] 사흘 되던 날에 갈릴리 가나에 혼인이 있어 예수의 어머니도 거기 계시고 예수와 그 제자들도 혼인에 청함을 받았더니 포도주가 모자란지라 예수의 어머니가 예수에게 이르되 저희에게 포도주가 없다 하니 예수께서 가라사대 여자여 나와 무슨 상관이 있나이까 내 때가 아직 이르지 못하였나이다.

예수님께서 가나 혼인 잔치에 물로 포도주를 만드신 최초의 표적은 유독 요한복음에만 기록되어 있습니다. 오늘날 기독교인들은 이 표적을 예수님께서 단순히 물로 포도주를 만드셨다는 것 이외에는 별로 관심이 없습니다. 그러나 이 표적 안에는 놀라운 하나님의 비밀, 즉 죽은 영혼이 하나님의 아들로 거듭나는 과정이 구체적으로 기록되어 있습니다. 마태복음에는 예수님이 태어나는 과정을 아브라함에서 다윗까지 열네 대, 다윗에서부터 바벨론까지 열네 대, 바벨론에서 예수가 태어나기까지 열네 대, 곧 사십 이대 만에 예수가 태어난다는 것을 말씀하고 있습니다.

그런데 요한복음에는 하나님의 아들이 태어나는 과정을 두세 통 드는 돌 항아리 여섯 개를 등장시켜 물이 포도주로 변하는 사건, 즉 죽은 영혼이 하나님의 말씀을 통해서 하나님의 아들로 거듭나는 과정을 기록하고 있는 것입니다. 이렇게 가나 혼인잔치 속에는 놀랍게도 땅이 하늘로 창조되는 과정, 즉 어둠에 속한 하나님의 백성들이 말씀을 통해서 하나님의 아들로 거듭나는 과정이 모두 담겨져 있다는 것입니다. 이렇게 예수님이 행하시는 표적이나 말씀은 모두 비유와 비사로 하나님의 깊은 뜻이 담겨져 있는 것입니다. 이제 예수님이 물로 포도주를 만드신 사건의 영적인 의미와 뜻을 알아보기로 하겠습니다.

이틀이 지나 사흘이 되던 날에 갈릴리 가나에 혼인잔치가 있다고 말씀하고 있습니다. 이튿 날은 사람들이 혼인을 준비하는 날이고 사흘 날은 신랑과 신부가 혼인잔치를 하는 날을 비유하여 말씀하고 있는 것입니다.

　오늘날 기독교인들이 예수님은 신랑이고 자신들은 신부라 말하면서 예수님이 오시면 공중에서 혼인잔치를 한다며 기다리고 있습니다. 그런데 예수님은 예수를 믿는다 해서 아무나 신부로 인정하고 혼인을 하지 않는다는 것입니다. 예수님이 결혼하려는 신부는 마리아와 같은 정결한 처녀만을 신부로 맞이하여 혼인을 한다는 것입니다. 즉 신부는 정결한 몸은 물론 세마포가 준비되어 있어야 하고 안에는 기름준비가 되어 있어야 합니다. 이렇게 예수님은 결혼할 준비를 갖춘 정결한 처녀와 하는 것이며 아직 철모르는 어린아이나 더러운 여자, 즉 애굽의 미물이나 광야의 짐승과 같은 존재나 몸이 부정하거나 더러운 여자들은 신부로 인정하지 않는다는 것입니다.

　하나님의 백성들이 예수신랑과 결혼 하려는 것은 예수님과 한 몸이 되어 하나님의 아들로 거듭나기 위해서입니다. 그런데 오늘날 기독교인들은 자신들이 하나님의 아들이라 하면서 무엇 때문에 예수님과 동성결혼을 하려고 하는지 모르겠습니다. 결혼은 남자와 여자가 만나 결혼을 하는 것이지 동성인 남자끼리는 결혼할 수가 없고 해서도 안되는 것입니다.

왜냐하면 하나님께서 남자와 동침하는 자는 반드시 죽인다고 말씀하고 있기 때문입니다.

[레위기 18장 22절] 너는 여자와 교합(동침)함 같이 남자와 교합(동침)하지 말라 이는 가증한 일이니라.

[레위기 20장 13절] 누구든지 여인과 교합(동침)하듯 남자와 교합(동침)하면 둘 다 가증한 일을 행함인즉 반드시 죽일찌니 그 피가 자기에게로 돌아가리라.

상기의 말씀과 같이 하나님께서는 남자가 남자와 교합하는 동성혼인은 가증한 일로 이런 자들은 반드시 죽인다고 말씀하시는데도 불구하고 오늘날 기독교인들은 자신들이 하나님의 아들이라 큰소리치면서 예수님과 혼인을 한다고 기다리고 있는 것입니다. 또한 오늘날 기독교인들은 자신이 죄인이라고 날마다 회개를 하면서 어떻게 더러운 죄인의 몸으로 거룩하신 예수님과 혼인을 하려는지 알 수가 없습니다. 이렇게 오늘날 기독교인들은 예수님이 어떤 분인지 그리고 자신이 어떤 존재인지도 모르고 예수님과 혼인 하려고 하는 것입니다.

이 모두가 목회자들이 영안이 없어 말씀의 영적인 뜻을 모르기 때문에 나타나는 현상입니다. 가나혼인 잔치에 예수의 어머니도 계시고 예수와 그 제자들도 청함을 받아 식장에 참석하였는데 식장에 포도주가 모자라는 것을 예수의 어머니가 보시고 예수에게 식장에 포도주가 없다고 말을 한 것입니다. 예수의 어머니가 예수에게 포도주가 모자란다고 말한 것은 예수님은 모자라는 포도주를 만들어서 연회장에 채워 줄 수 있다는 것을 알고 있기 때문입니다. 그런데 어머니의 말을 들은 예수님은 "여자여 연회장에 포도주가 모자라는 것이 나와 무슨 상관이 있느냐"고 하면서 "아직 내 때가 이르지 않았다"고 말씀하고 있습니다.

가나안 땅에 들어가 예수님과 혼인 잔치를 하려면 반드시 포도주가 있어야 하는데 포도주는 곧 생명의 말씀을 비유하여 말씀하신 것입니다. 가나혼인에 포도주가 모자란다는 것은 곧 말씀이 부족하다는 것이며 말씀이 부족하면 신랑과 혼인 잔치를 할 수 없다는 것을 말씀하고 있는 것입니다. 때문에 예수님의 어머니는 예수님에게 포도주가 부족하다 말한 것인데 예수님은 자기 어머니를 보고 여자라고 하면서 나와 무슨 상관이 있느냐고 반박을 하는 것입니다.

즉 예수님은 어머니에게 "이 혼인은 나와 아무런 상관

이 없고 또 나는 아직 내 때가 이르지 않아 포도주를 만들 수 없다"고 말하는 것입니다. 예수님께서 내 때가 아직 이르지 않았다는 것은 나는 아직 생명의 말씀으로 죽은 영혼을 살릴 준비가 되지 않았다는 뜻입니다.

예수님이 이 세상에서 하시는 일은 포도주, 즉 생명의 말씀을 가지고 죽은 영혼들을 살려서 정결한 처녀로 만들어 결혼을 하여 하나님의 아들로 거듭나게 하는 것입니다.

[요한복음 2장 5~9절] 그 어머니가 하인들에게 이르되 너희에게 무슨 말씀을 하시든지 그대로 하라 하니라 거기 유대인의 결례를 따라 두 세 통 드는 돌항아리 여섯이 놓였는지라 예수께서 저희에게 이르시되 항아리에 물을 채우라 하신즉 아구까지 채우니 이제는 떠서 연회장에게 갖다 주라 하시매 갖다 주었더니 연회장은 물로 된 포도주를 맛보고 어디서 났는지 알지 못하되 물 떠온 하인들은 알더라.

예수의 말을 들은 어머니는 하인들에게 '예수가 너희에게 무슨 말을 하든지 그대로 행하라' 명하고 있습니다. 왜냐하면 예수가 모자라는 포도주 만들기를 거절하였으나 어머니는 예수가 포도주를 만들 것이라는 것을 믿고 있었기 때문입니다. 그 곳에는 유대인의 결례에 따라 두 세통 드는 돌 항아리 여섯 개가 놓여 있었습니다. 이 돌 항아리의 비밀을 알려면 두 세통 드는 돌 항아리 여섯 개가 영적으로 무엇을 말하는지 알아야 합니다.

두 세통 드는 돌 항아리는 사람이 사용하는 항아리를 말하는 것이 아니라 땅에 속한 인간의 존재들을 비유하여 말씀하신 것이며 돌 항아리 여섯 개는 창세기의 육일 창조, 즉 땅에 속한 죄인들을 하늘에 속한 하나님의 아들로 창조하려면 하나님의 말씀으로 모두 여섯 번 창조(거듭남)해야 하나님의 아들이 된다는 것을 비사로 말한 것입니다. 왜냐하면 창세기에 하나님의 말씀으로 하나님의 형상과 모양대로 남자(하나님의 아들)를 창조하려면 육일, 즉 여섯 번 창조(여섯 과정)해야 하나님의 아들로 태어난다 말씀하고 있기 때문입니다.

하나님께서 말씀으로 창조하시는 육일은 처음에 땅에 속한 미물의 존재를 기는 짐승으로, 기는 짐승을 걷는 짐승으로, 걷는 짐승을 육축으로, 육축을 여자로, 여자를 남자, 즉 하나님의 아들로 완성시키는 것을 비사로 말씀하고 있는 것입니다. 이렇게 돌 항아리 여섯은 장을 담아 놓는 항아리가 아니라 하나님의 말씀으로 창조할 존재들(피조물),

곧 땅에 속한 하나님의 백성들(질그릇)을 각기 상태와 차원에 따라 말씀하신 것입니다.

즉 첫 항아리는 하 애굽에 존재하는 물고기, 둘째 항아리는 상 애굽에 존재하는 기는 짐승, 셋째 항아리는 광야에 존재하는 걷는 짐승, 넷째 항아리는 신 광야에 존재하는 육축, 다섯째 항아리는 요단강에 존재하는 여자, 여섯째 항아리는 가나안 땅에 존재하는 남자를 비유하여 말씀하고 있는 것입니다. 이러한 돌 항아리 여섯 개에 차례대로 하나님의 말씀을 아구까지 채우면 하나님의 아들로 거듭나게 되는 것입니다.

이어지는 말씀은 예수의 어머니가 하인들에게 예수께서 무슨 말씀을 하시든지 그대로 행하라고 명하신 후에 예수님은 비로소 하인들에게 "두 세통 드는 돌 항아리 여섯에 물을 가득 채우라" 말씀하셨고 하인들은 돌 항아리에 차례대로 물을 아구까지 모두 채운 것입니다. 이렇게 땅에 속한 존재들 안에 물(말씀)을 아구까지 여섯 번 채울 때 포도주, 즉 생명의 말씀(하나님의 아들)으로 변화(거듭남)되는 것입니다.

예수님은 이렇게 물로 만든 포도주를 하인들에게 연회장에 갖다 주라 명하여 하객들에게 갖다 준 것입니다. 하객들은 물로 된 포도주를 맛보고 어디서 났는지 알지 못하되 물 떠온 하인들은 알고 있었습니다.

이와 같이 돌 항아리는 땅에 속한 질그릇의 존재들을 말하며 물은 하나님의 말씀을 말하고 포도주는 생명의 말씀을 비유로 말씀하신 것입니다. 그러므로 가나 혼인잔치는 땅에 속한 육신의 존재에 하나님의 말씀을 아구까지 여섯 번 채울 때 하나님의 생명으로 조금씩 변화(여섯 번 창조)되어 하나님의 아들로 거듭나게 되는 것이며 그때 창조된 아들의 입에서 포도주, 즉 생명의 말씀이 나오게 된다는 것을 비사로 말씀하고 있는 것입니다.

[요한복음 2장 9~11절] 연회장이 신랑을 불러 말하되 사람마다 먼저 좋은 포도주를 내고 취한 후에 낮은 것을 내거늘 그대는 지금까지 좋은 포도주를 두었도다 하니라 예수께서 이 처음 표적을 갈릴리 가나에서 행하여 그 영광을 나타내시매 제자들이 그를 믿으니라.

연회장은 예수께서 물로 만든 포도주를 마신 하객들이 포도주가 너무 맛이 있는 것을 보고 신랑을 불러 이렇게 말하는 것입니다. 사람들은 누구나 먼저 좋은 포도주를 내놓고 취한 후에 낮은 것을 내놓거늘 그대는 반대로 지금까지 좋은 포도주를 감추어 두었다가 취한 후에 좋은 포도주를 내놓았다고 말하는 것입니다.

여기서 말하는 낮은 포도주는 거듭나기 전에 내놓은 말씀(물)을 말하며 좋은 포도주는 하나님의 아들로 거듭난 후 내어놓는 생명의 말씀(생수)을 말하고 있습니다. 이렇게 예수님께서 행하시는 일과 표적은 모두 요나의 표적으로 죽은 영혼을 살려서 하나님의 아들로 거듭나게 하는 것입니다. 예수님께서 이렇게 옛 혼적인 존재가 죽고 하나님의 생명으로 거듭난 하나님의 아들들은 모든 민족에게 천국복음을 전파하여 죽은 영혼들을 구원하여 살리라는 것입니다.

이상의 말씀과 같이 하나님께서 성경이나 예수님을 통해서 말씀하고 계신 종말은 시대적인 종말이 아니라 사람 안에서 일어나는 개인적인 종말을 말씀하고 있는 것입니다. 왜냐하면 자신에게 종말이 와서 하나님의 아들로 거듭나지 못한다면 세상의 종말이 온다 해도 어느 누구도 다시 살아날 수 없기 때문입니다.

그러므로 오늘날 기독교인들은 세상의 종말을 기다릴 것이 아니라 먼저 주님이 오실 수 있도록 생명의 말씀으로 자기 안에 건축된 더러운 성전을 모두 무너뜨려야 합니다.

그러면 그때 주님이 오셔서 생명의 말씀으로 새 성전을
건축하실 것입니다. 이렇게 하나님의 생명으로 거듭나 하
나님의 아들이 되어 이웃에 죽어가는 영혼들을 구원하여
살린다면 하나님이 계신 천국에서 하나님과 함께 영원히
살게 될 것입니다.

메시야

업은 아기 삼면 찾듯
눈앞에 계신 메시야를 모르네
이천년을 기다린 메시야
이천년을 더 기다려도 오지 않으리

마음자리 바꾸어
마음 눈을 뜨면
눈앞에 계신 메시야
확연하게 보련마는

미련하고 어리석은 백성들
오늘도 뜬구름 바라보며
구름타고 오실 메시야를
학수고대하며 기다리네.

2. 하나님의 성전(교회)과 산 제사(예배)

성경말씀을 통해서
하나님이 받으시는 제사와 헌물을 올바로 알고
하나님이 바라고 원하시는
제사와 예배를 드려야 합니다.

하나님의 성전(교회)과 산 제사(예배)

　　하나님의 성전은 예수님이 오시기전 구약시대에 하나님의 백성들이 하나님께 제사 드리는 곳을 말하고 있으며 교회는 예수님이 오심으로 말미암아 기독교인들이 모여서 하나님께 예배드리는 곳을 말하고 있습니다. 제사는 최초에 가인과 아벨이 하나님께 드린 것으로부터 시작되어 오늘날까지 이어져 오고 있는 것입니다.

　　가인과 아벨은 하나님께 제물을 드렸는데 하나님께서 가인이 땅의 소산으로 드린 제물은 받지 않으시고 아벨이 양과 기름으로 드린 제물만 받으셨다는 것입니다. 그러면 지금 우리가 하나님께 드리는 제사와 제물은 하나님께서 받으시는지 아니면 받지 않는지를 알아야 합니다. 왜냐하면 만일 하나님의 백성들이 드리는 제사나 헌물을 하나님께서 받지 않으신다면 아무런 소용이 없고 또한 귀신이 받을 수도 있기 때문입니다. 그러므로 성경말씀을 통해서 하나님이 받으시는 제사와 헌물을 올바로 알고 하나님이 바라고 원하시는 제사와 예배를 드려야 합니다.

　　하나님은 영이시기 때문에 하늘의 소산으로 드리는 제물은 받으실 수 있지만 땅의 소산으로 드리는 제물은 받으실 수 없다는 것을 알아야 합니다. 가인이 그의 아우 아벨을 죽인 것은 하나님께서 아벨이 드리는 제물만 받으시고 자기가 드리는 제물은 받지 않으시는 것을 보고 시기가 나고 분이 나서 아벨을 죽이게 된 것입니다.

　가인이 땅의 소산으로 드린 제물은 오늘날 하나님의 백성들이 드리고 있는 소득의 십일조와 헌물(헌금)을 말하며 아벨이 하늘의 소산으로 드린 양과 기름은 예수님이 요한복음 4장 24절을 통해서 말씀하신 진리와 성령을 말하고 있습니다. 왜냐하면 양은 말씀이 육신 되신 예수님을 말하며 기름은 보혜사 성령을 비유로 말씀하고 있기 때문입니다.

　하나님께서 아벨이 드린 제사와 제물을 받으신 것은 아벨이 진리의 성령(생명의 말씀)을 통해서 변화된 자신의 마음을 하나님께 제물로 드렸기 때문입니다. 이렇게 하나님이 받으시는 제사나 헌물은 예전이나 지금이나 진리와 성령, 곧 생명의 말씀을 통해서 변화된 몸(마음)입니다. 때문에 사도바울은 로마서를 통해서 이렇게 말씀하고 계신 것입니다.

　[로마서 12장 1~2절] 그러므로 형제들아 내가 하나님의 모

든 자비하심으로 너희를 권하노니 너희 몸을 하나님이 기뻐하시는 거룩한 산 제사로 드리라 이는 너희의 드릴 영적 예배니라 너희는 이 세대를 본받지 말고 오직 마음을 새롭게 함으로 변화를 받아 하나님의 선하시고 기뻐하시고 온전하신 뜻이 무엇인지 분별하도록 하라.

하나님은 사도 바울을 통해서 하나님께서 기뻐 받으시는 거룩한 산제사에 대해서 말씀하고 계십니다. 사도바울께서 내가 하나님의 모든 자비하심으로 너희를 권하노니 너희 몸을 하나님이 기뻐하시는 거룩한 산제사로 드리라고 말씀하고 있습니다. 왜냐하면 진리와 성령으로 변화된 너희 몸, 즉 변화된 너희 마음이 곧 하나님께서 기뻐 받으시는 헌물이며 산제사이기 때문입니다. 그러므로 사도 바울은 너희는 지금 이 세대, 곧 오늘날 교회들이 드리는 예배를 본받지 말고 오직 너희 마음을 하나님의 말씀(진리와 성령)을 통해서 새롭게 변화 받아 새롭게 된 마음을 제물로 드리면 하나님의 선하시고 기뻐하시고 온전한 뜻이 무엇인지 분별할 수 있다고 말씀하시는 것입니다.

이렇게 하나님께서 기뻐 받으시는 예배는 아벨과 같이 양과 기름, 즉 진리와 성령(생명의 말씀)을 통해서 변화된 마음을 하나님께 헌물로 드려야 하는 것입니다. 때문에 예수님도 하나님은 영이시니 예배드리는 자는 신령과 진정 곧 진리와 성령으로 예배드리라고 말씀하신 것입니다.

왜냐하면 진정과 신령은 원문성경에 진리(ἀλήθεια-알레데이아)와 성령(πνεῦμα-프뉴마)으로 기록되어 있기 때문입니다.

상기의 말씀에 가인이 그의 아우 아벨을 죽인 것은 자신은 육으로 난 자이며 아벨은 약속으로 난 자라는 것을 몰랐기 때문입니다. 결국 육체를 따라 난 자(가인)가 약속을 따라 난 자(아벨)를 죽인 것인데 이것은 예전부터 지금까지 계속되고 있는 일입니다.

[갈라디아서 4장 22~29절] 기록된바 아브라함이 두 아들이 있으니 하나는 계집 종에게서, 하나는 자유하는 여자에게서 났다 하였으나 계집 종에게서는 육체를 따라 났고 자유하는 여자에게서는 약속으로 말미암았느니라 이것은 비유니 이 여자들은 두 언약이라 하나는 시내산으로부터 종을 낳은 자니 곧 하가라 이 하가는 아라비아에 있는 시내산으로 지금 있는 예루살렘과 같은 데니 저가 그 자녀들로 더불어 종노릇하고 오직 위에 있는 예루살렘은 자유자니 곧 우리 어머니라 기록된바 잉태치 못

한 자여 즐거워하라 구로치 못한 자여 소리질러 외치라 이는 홀로 사는 자의 자녀가 남편 있는 자의 자녀보다 많음이라(위대하다) 하였으니 형제들아 너희는 이삭과 같이 약속의 자녀라 그러나 그 때에 육체를 따라 난 자가 성령을 따라 난 자를 핍박한 것 같이 이제도 그러하도다.

상기의 말씀을 보면 아브라함이 두 아들이 있었는데 하나는 계집종에게서 났고 하나는 자유하는 여자에게서 났다고 말씀하고 있습니다. 그런데 계집종에게서는 육체를 따라 났고 자유하는 여자에게서는 약속으로 말미암아 났다는 것을 비유로 말씀하신 것입니다.

이 여자들은 두 언약을 비유한 것으로 한 여자는 시내산으로부터 종을 낳은 하가를 말하며 이 여자는 아라비아에 있는 시내산으로 지금 있는 예루살렘교회와 동일하기 때문에 하가는 그 자녀들과 더불어 종노릇을 하는 것이며 오직 하늘에 있는 예루살렘교회는 자유자로서 곧 약속으로 말미암아 사라가 낳은 이삭(예수)을 말하고 있는 것입니다.

이어서 잉태치 못한 자여 즐거워하라 구로치 못한 자여 소리 질러 외치라 이는 홀로 사는 자의 자녀가 남편 있는 자의 자녀보다 많다고 말씀하고 있는데 원문의 뜻은 많다는 의미가 아니라 더 위대하다는 뜻입니다.

　왜냐하면 제사장이나 교회 목사들이 낳은 자녀(교인)들은 바다의 모래수와 같이 흔하고 많지만 예수님이 낳는 하나님의 아들은 극소수이며 너무 소중하기 때문입니다. 그리고 바울 사도가 "형제들아 너희는 이삭과 같이 약속의 자녀라"고 말씀하신 형제는 유대인들이나 오늘날 기독교인들을 말하는 것이 아니라 이단의 괴수인 사도바울을 구원자로 믿고 따르며 가르침을 받고 있는 소수의 무리를 말하고 있는 것입니다. 그런데 육체를 따라 난 하나님의 백성들이 성령을 따라 난 자 곧 예수님과 사도들을 핍박한 것 같이 오늘날도 육으로 난 자들이 영으로 난 자들을 핍박하고 있다는 것입니다.

　왜냐하면 성령으로 난 자들은 스테반과 같이 사람이 손으로 지은 성전 안에는 하나님이 계시지 않는다고 건물성전을 인정하지 않기 때문입니다. 이렇게 사도바울이나 스데반은 사람이 손으로 지은 건물성전에는 하나님이 계시지 않고 하나님의 생명으로 거듭난 자들 안에 하나님이 계시다는 것입니다.

　때문에 예수님과 같이 하나님의 아들로 거듭나 말씀이 육신 된 하나님의 아들을 가리켜 '교회 혹은 성령이 거하시는 하나님의 전'이라 말씀하고 있는 것입니다.

　에베소서에 예수님을 교회의 머리 혹은 몸 된 교회라고 말씀하시는 것은 예수님 안에 성령이 계시기 때문입니다. 그리고 예수님이 주시는 생명의 말씀을 통해서 하나님의 아들로 거듭난 사도들 안에도 성령이 계시기 때문에 사도들도 예수님과 같이 '하나님의 전'이라 말씀하고 있는 것입니다. 그런데 아직 하나님의 생명으로 거듭나지 못한 자들이 예수님을 믿는다는 이유로 자신들도 하나님의 성전이며 교회라 말하고 있는 것입니다.

　이와 같이 성경이 말씀하고 있는 진정한 하나님의 교회나 성전은 예수님이나 사도들과 같이 하나님의 생명으로 거듭난 하나님의 아들들을 말씀하고 있는 것입니다. 그러므로 건물성전은 하나님께 제사를 드리는 제단이며 오늘날 기독교인들이 예배를 드리는 예배당을 말합니다. 그런데 제사장이나 목회자들이 이런 건물성전이나 예배당을 건축해 놓고 이것이 하나님의 전 곧 하나님의 성전이라 말하면서 자신들의 욕심을 채우고 있는 것입니다.

　그러므로 하나님께서 예레미아 선지자를 통해서 이렇게 말씀하고 계신 것입니다.

[예레미아서 7장 3~11절] 만군의 여호와 이스라엘의 하나님
이 이같이 말씀하시되 너희 길과 행위를 바르게 하라 그리하면
내가 너희로 이곳에 거하게 하리라 너희는 이것이 여호와의 전
이라, 여호와의 전이라, 여호와의 전이라 하는 거짓말을 믿지
말라 너희가 만일 길과 행위를 참으로 바르게 하여 이웃들 사
이에 공의를 행하며 이방인과 고아와 과부를 압제하지 말며 무
죄한 자의 피를 이곳에서 흘리지 아니하며 다른 신들을 좇아
스스로 해하지 아니하면 내가 너희를 이곳에 거하게 하리니 곧
너희 조상에게 영원 무궁히 준 이 땅에니라 너희가 무익한 거
짓말을 의뢰하는도다 너희가 도적질하며 살인하며 간음하며 거
짓맹세하며 바알에게 분향하며 너희의 알지 못하는 다른 신들
을 좇으면서 내 이름으로 일컬음을 받는 이 집에 들어와서 내
앞에 서서 말하기를 우리가 구원을 얻었나이다 하느냐 이는 이
모든 가증한 일을 행하려 함이로다 내 이름으로 일컬음을 받는
이 집이 너희 눈에는 도적의 굴혈로 보이느냐 보라 나 곧 내가
그것을 보았노라 여호와의 말이니라.

상기의 말씀은 만군의 여호와 이스라엘의 하나님께서
여호와의 전, 곧 하나님의 성전에 들어가 제사(예배)를 드
리고 있는 하나님의 백성들에게 징계와 더불어 경고의 말

씀을 하시는 것입니다. 하나님께서 하나님의 백성들에게 너희는 먼저 가는 길과 행위를 올바르게 하라고 명하고 계십니다. 하나님의 백성들이 가는 길은 넓고 평탄한 멸망의 길과 좁고 협착한 생명의 길이 있습니다. 넓고 평탄한 길은 예수를 믿기만 하면 누구나 쉽게 천국에 들어간다는 멸망의 길이며 좁고 협착한 길은 하나님이 정해놓으신 길, 즉 출애굽을 하여 광야를 통과해서 가나안으로 들어간 자들이 천국으로 들어가는 생명의 길을 말합니다.

그런데 하나님의 백성들이 좁고 협착한 생명의 길은 가기가 너무나 힘들고 어렵다고 하면서 쉽고 평탄한 넓은 길, 곧 예수를 믿기만 하면 어느 누구나 천국을 들어갈 수 있다는 쉽고 평탄한 길을 가고 있는 것입니다. 때문에 하나님께서 지금 너희가 힘들고 어려워도 올바른 생명의 길을 간다면 하나님께서 너희를 이곳 하나님의 성전에 거하게 해주시겠다고 말씀하시는 것입니다.

그리고 하나님께서 너희는 거짓목자들이 이것이 여호와의 전이라, 여호와의 전이라, 여호와의 전이라 하는 거짓말을 믿지 말라고 하십니다. 왜냐하면 너희가 지금 여호와의 전이라 믿고 있는 하나님의 전(성전)은 진정한 하나님의 성전이 아니기 때문이라는 것입니다. 왜냐하면 하나님의 전은 사람이 손으로 지은 건축물이 아니라 하나님의 성령이 거하는 사람, 즉 예수님과 또한 하나님의 생명으로 거듭난 하나님의 아들을 말하기 때문입니다.

문제는 오늘날 예수님이나 사도들과 같이 하나님의 생명으로 거듭난 하나님의 아들이 존재하느냐 하는 것입니다. 그런데 예수님은 알파와 오메가로 예전에도 계시고 지금도 계시고 영원토록 너희 가운데 항상 있다고 말씀하시는 것입니다. 단지 기독교인들이 영안이 없어 오늘날 살아계신 하나님의 아들을 보지 못하고 오히려 이단으로 배척을 하고 있다는 것입니다. 때문에 하나님은 요한일서 4장을 통해서 너희가 오리라 하고 기다리는 예수는 이미 오셔서 계시다고 말씀하고 있는 것입니다.

[요한일서 4장 1~3절] 사랑하는 자들아 영을 다 믿지 말고 오직 영들이 하나님께 속하였나 시험하라 많은 거짓 선지자가 세상에 나왔음이니라 하나님의 영은 이것으로 알찌니 곧 예수 그리스도께서 육체로 오신 것을 시인하는 영마다 하나님께 속한 것이요 예수를 시인하지 아니하는 영마다 하나님께 속한 것이 아니니 이것이 곧 적그리스도의 영이니라 오리라 한 말을 너희가 들었거니와 이제 벌써 세상에 있느니라.

상기의 말씀은 영 곧 하나님의 말씀을 다 믿지 말고 오직 말씀들이 하나님께 속 하였나 확인 해 보라는 뜻입니다. 왜냐하면 많은 거짓 선지자가 세상에 나와 하나님의 백성들을 미혹하고 있기 때문이라는 것입니다. 그런데 하나님의 영(말씀)인지 적그리스도의 영(말씀)인지 확인하는 방법은 곧 오늘날 예수 그리스도께서 육체로 와 계신 것을 시인하는 영(말씀)은 모두 하나님께 속한 영(말씀)이며 오늘날 육체로 오셔서 계신 예수를 부인하는 자의 영(말씀)은 모두 하나님께 속한 것이 아니니 이것이 곧 적그리스도의 영(말씀)이라는 것입니다. 왜냐하면 너희가 오리라 기다리고 있는 예수님(재림)은 이미 오셔서 벌써 세상에 계시기 때문이라는 것입니다.

　단지 오늘날 기독교인들이 영안이 없기 때문에 지금 오셔서 살아계신 예수님을 몰라보고 구름타고 오신다는 예수님을 지금도 기다리고 있는 것입니다. 그런데 만일 오늘날 살아계신 예수님이 없다면 오늘날 기독교인들은 구원 받을 수 없다는 것입니다. 왜냐하면 구원과 영생을 주시는 분은 오직 살아계신 예수님 곧 하나님의 생명으로 거듭난 하나님의 아들만이 하실 수 있는 일이며 아직 하나님의 아들로 거듭나지 못한 자들은 비록 목사나 신학박사라 해도 죄를 사해주거나 하나님의 생명을 줄 수 없기 때문입니다. 그러므로 하나님께서는 하나님의 백성들을 구원하기 위해서 지금까지 하나님의 아들을 계속해서 보내주셨으며 지금도 보내주셔서 구원하고 계신 것입니다.

그런데 안타깝게도 하나님께서 구원자로 보내주신 예수님을 유대인들이 모르고 배척을 한 것과 같이 오늘날 기독교인들도 하나님께서 보내주신 하나님의 아들을 모르고 오히려 이단으로 몰며 배척을 하고 있다는 것입니다. 그러면서 자신들이 예수님의 자리에 앉아서 하나님의 아들 노릇을 하고 있는 것입니다. 요즈음 이 세상에 짝퉁상품, 즉 진짜상품을 모방하여 만든 가짜 상품이 활개를 치듯이 오늘날 삯꾼목자와 거짓 선지자들이 하나님의 아들도 짝퉁 아들을 만들어 놓고 진짜라고 속이고 있는 것입니다.

그러므로 하나님께서 너희가 만일 너희의 길과 행위를 참으로 올바르게 하여 이웃들 사이에 공의를 행하여 이방인과 고아와 과부를 압제하지 말고 무죄한 자의 피를 이곳에서 흘리지 아니하며 다른 신들을 좇아 스스로 해하지 아니하면 내가 너희를 이곳에 거하게 해 주시겠다고 말씀하고 있는 것입니다.

하나님께서 너희를 거하게 해 주신다는 땅은 곧 너희

조상에게 영원무궁토록 섬기라고 주신 가나안 땅을 말씀하고 있습니다.

그리고 하나님께서 너희가 다른 신을 좇고 있다는 신은 곧 다른 하나님을 말하고 있는데 다른 하나님은 구원과 영생을 주시는 하나님이 아니라 복을 준다는 기복의 하나님을 말하고 있습니다. 왜냐하면 하나님의 백성들은 예전이나 지금이나 한결같이 구원과 영생을 주시는 하나님은 뒤로 하고 자신이 원하는 욕심을 채워주는 기복의 하나님만 믿으며 섬기고 있기 때문입니다. 이렇게 하나님의 백성들이 다른 하나님을 좇아 잘못된 길을 가고 있고 또한 이웃에게 불의를 행하며 이방인과 고아와 과부를 억압하며 죄 없는 자의 피를 흘리고 있다는 것입니다.

그리고 너희는 기복만을 강조하는 거짓목자의 무익한 거짓말을 의지하고 있다고 말씀하십니다. 무익한 거짓말을 하는 자들은 오늘날 삯꾼목자와 거짓 선지자들을 말하며 이방인과 고아와 과부는 기존 교회에서 말씀을 찾다가 이단으로 몰려 출교당한 자들을 말하고 있습니다. 이러한 삯꾼목자들은 성전에서 도적질을 하며 살인하며 간음하며 거짓맹세하며 바알에게 분향하며 너희가 알지 못하는 다른 하나님을 좇으면서 내 이름으로 일컬음을 받는 이집에 들어와서 말하기를 '우리는 이미 구원을 얻었다' 고 속이고 있다는 것입니다. 삯꾼목자들은 교인들에게 '우리는 예수님을 믿음으로 이미 구원을 받았다고 속이면서 이제 축복만 받아 잘살면 되니까 복을 받으려면 하나님께 예물을 드려야 한다' 고 헌금을 강조하고 있는 것입니다. 이런 삯꾼목자들은 하나님의 백성들을 도적질하여 자기 것으로 만들며 또한 자기 교인들에게 하나님께 복을 받으려면 헌물을 드리라고 헌금을 강조하면서 자기 욕심을 채우고 있는 것입니다.

그러므로 하나님께서 "너희는 내 이름으로 일컬음을 받는 이 집, 곧 하나님의 성전(교회)이 너희 눈에는 도적의 소굴로 보이느냐"고 말씀하시면서 "내가 너희가 하는 행위를 모두 보았다"고 말씀하시는 것입니다.

이와 같이 예수님은 하나님의 전이라 부르는 성전을 삯꾼목자들은 도적의 소굴로 만들어 사용하고 있다는 것입니다. 그러면 예수님은 오늘날의 성전, 즉 오늘날 수많은 교회들을 어떻게 보시며 어떻게 말씀하고 있을까요? 예수님은 놀랍게도 "내 집은 만민이 기도하는 집, 곧 교회(성전)인데 너희가 강도의 소굴을 만들었다"고 말씀하고 계십니다.

[요한복음 2장 13~17절] 유대인의 유월절이 가까운지라 예수께서 예루살렘으로 올라가셨더니 성전 안에서 소와 양과 비둘기 파는 사람들과 돈 바꾸는 사람들의 앉은 것을 보시고 노끈으로 채찍을 만드사 양이나 소를 다 성전에서 내어 쫓으시고 돈 바꾸는 사람들의 돈을 쏟으시며 상을 엎으시고 비둘기 파는 사람들에게 이르시되 이것을 여기서 가져가라 내 아버지의 집으로 장사하는 집을 만들지 말라 하시니 제자들이 성경 말씀에 주의 전을 사모하는 열심이 나를 삼키리라 한 것을 기억하더라.

[마태복음 21장 12~13절] 예수께서 성전에 들어가사 성전 안에서 매매하는 모든 자를 내어 쫓으시며 돈 바꾸는 자들의 상과 비둘기 파는 자들의 의자를 둘러 엎으시고 저희에게 이르시되 기록된바 내 집은 기도하는 집이라 일컬음을 받으리라 하였거늘 너희는 강도의 굴혈을 만드는도다 하시니라.

예수님께서 성전에 들어가 보니 성전 안에서 매매하는 자들을 보시고 장사하는 자를 모두 내어 쫓으신 것입니다. 그리고 돈 바꾸는 자들의 상을 엎으시며 양과 비둘기 파는 자들의 의자를 모두 둘러 엎으셨다 말씀하고 있습니다,
오늘날 기독교인들은 이 말씀을 보면서 어떻게 거룩한

성전 안에서 짐승을 팔면서 장사를 했을까 하는 생각을 할 것입니다. 그러나 오늘날 교회 안에서도 동일하게 양과 비둘기를 팔면서 장사를 하며 강대상에서 돈을 바꾸고 있다는 것을 알아야 합니다. 왜냐하면 성전 안에서 매매했던 비둘기와 양은 짐승이 아니라 진리와 성령을 말하며 돈은 하나님의 백성을 비유로 말씀하고 있기 때문입니다.

　오늘날 목회자들이 교회나 기도원에서 부흥집회를 할 때 성령(비둘기) 받을 줄로 믿고 감사(헌금)하라는 것이나 은혜(양: 진리) 받을 줄로 믿고 감사(헌금)하라는 것은 곧 성령을 팔고 하나님의 말씀을 팔아먹는 행위입니다. 그리고 성전 안에서 돈을 바꾸는 것은 돈이 아니라 하나님의 형상(백성)을 가이사의 형상(백성)으로 바꾸는 행위를 비유로 말씀하고 있는 것입니다.

　그러므로 예수님은 화가 나셔서 채찍을 들고 성전에서 장사하는 자들을 모두 내어 쫓으신 것입니다. 이것은 목회자들이 천국 문을 닫아 놓고 자기도 안 들어가고 남도 못 들어가게 하면서 배나 더 지옥자식을 만드는 행위를 말합니다. 즉 예수님께서는 좁고 협착한 생명의 길을 힘들게 가야 천국으로 들어간다고 말씀하시는데 삯꾼목자들은 예수를 믿기만 하면 누구나 쉽고 간단하게 천국을 들어 갈 수 있다고 하면서 배나 더 지옥자식을 만들고 있다는 것입니다. 그러므로 예수님은 저희에게 내 집은 기도하는 집이라 일컬음을 받으리라 하였거늘 너희는 강도의 소굴을 만들어 놓았다고 말씀하시는 것입니다.

이렇게 예전에 성전 안에서나 오늘날 교회 안에서 영혼을 구원하고 살려서 천국을 보내는 것이 아니라 영혼을 배나 더 지옥자식을 만들어 지옥으로 보내고 있다는 것입니다. 때문에 하나님의 백성들이 죽은 후 지옥문 앞에서 슬피 울며 이를 갈고 있는 것입니다. 그러므로 오늘날 기독교인들은 무조건 예수를 믿으며 교회만 다닐 것이 아니라 교회에 대해서 잘 알아야 합니다.

예수님이 피로 값 주고 사신 교회는 예수를 구주로 믿는 기독교인들이 모여 예배 드리는 곳을 말하는데 원문성경에는 교회가 '에클레시아'로 기록되어 있으며 뜻은 여러 사람 가운데서 불러내었다는 뜻입니다.

그런데 에베소서 1장 23절에는 교회를 예수그리스도의 몸, 즉 예수님 자신을 말씀하고 있다는 것입니다. 오늘날 기독교회는 예수님께서 땅에 속한 죄인들을 구원하기 위해서 이 세상에 오심으로 말미암아 새롭게 탄생된 종교입니다. 이렇게 하나님의 백성들이 제사를 드리는 목적은 죄 많

은 영혼이 죄 사함을 받고 구원받으려는 것이라야 하며 예
배는 하나님의 생명으로 거듭나 하나님의 아들이 되기 위
한 목적이라야 합니다. 그런데 예전의 성전이나 오늘날 교
회들이 한결같이 욕심에 치우쳐 하나님의 사명을 올바로
감당하지 못하고 있는 것입니다.

이것은 예전에 성전이나 오늘날 교회가 잘못되었다는
것이며 성전이나 교회들이 잘못되었다는 것은 곧 제사장과
목회자가 잘못되었다는 뜻입니다. 왜냐하면 예전이나 오늘
날이나 목회자들이 모두 욕심에 치우쳐 영혼 구원에는 관
심이 없고 하나님의 백성들이 드리는 헌물이나 헌금에만
몰두하고 있기 때문입니다.

오늘날 교회들은 마치 세상 사람들이 운영하는 사업장
이나 기업체와 같은 느낌이 들 정도로 부패해 가고 있는 실
정입니다. 때문에 예수님께서 너희가 내 아버지의 집 곧 성
전과 교회를 장사하는 집으로 만들고 또한 강도의 소굴로
만들었다고 진노하시는 것입니다. 그러므로 오늘날 교회와
목회자들은 이제라도 기복과 표적의 하나님으로부터 벗어
나 구원과 영생을 주시는 하나님께 돌아 와야 합니다.

그리고 예수님을 믿고 따르는 교인들을 올바른 길, 즉
좁고 협착한 생명의 길로 인도해야합니다. 그러면 하나님

께서 모든 죄를 용서해 주실 것입니다. 그런데 오늘날 기독교인들에게 그 무엇보다 중요한 것은 오늘날 하나님께서 구원자로 보내주시는 하나님의 아들을 구원자로 믿고 영접해야 한다는 것입니다.

　왜냐하면 오늘날 기독교인들을 구원할 예수는 예전에 오셨던 예수님이나 앞으로 오실 예수님이 아니라 오늘날 하나님의 생명으로 거듭난 현재 살아계신 하나님의 아들이시기 때문입니다. 하나님께서는 오늘도 변함없이 내가 구원자로 보내주는 하나님의 아들을 믿고 그의 말씀을 영접하는 자들에게는 하나님의 자녀가 되는 권세를 주시겠다고 말씀하고 계십니다.

　오늘날의 예수님은 지금도 여러분 가까이 계십니다.

3. 성전(교회) 건축과
예수님의 탄생

하나님의 성전을 건축하는 과정이나
교회 곧 예수님이 성령으로 잉태하여
하나님의 아들로 태어나는 과정은
동일한 것입니다.

성전(교회) 건축과 예수님의 탄생

하나님의 성전은 하나님이 거하시는 곳으로 안식일에 하나님의 백성들이 모여서 하나님께 제사 드리는 곳을 말하고 있습니다. 그런데 하나님의 성전, 곧 교회는 누가 무엇으로 어떻게 건축되어지는 것일까요? 성전은 구약시대에 하나님의 백성들이 제사를 드렸던 곳이며 교회는 예수님이 오신 후에 기독교인들이 예수님을 통해서 하나님께 예배드리는 곳입니다.

이렇게 성전이나 교회는 하나님이 안에 거하시는 곳을 말하고 있습니다. 때문에 하나님이 안에 계신 예수님을 교회 혹은 교회의 몸이라 말씀하고 있는 것입니다. 이렇게 하나님이 계시는 성전이나 교회는 곧 하나님이 안에 계신 하나님의 아들이나 예수님을 가리키고 있는 것입니다. 즉 교회(성전)는 곧 예수님이며 예수님은 곧 교회(성전)라는 것입니다. 왜냐하면 하나님의 성전(교회) 안이나 예수님 안에 하나님이 계시기 때문입니다.

그러므로 하나님의 성전을 건축하는 과정이나 교회 곧 예수님이 성령으로 잉태하여 하나님의 아들로 태어나는 과정은 동일한 것입니다. 때문에 성령으로 잉태하여 하나님의 아들로 태어나 그 안에 하나님이 계신 예수님과 창세기에 하나님께서 땅을 육일동안 하나님의 모양과 형상대로 말씀으로 창조하신 후 그 사람(성전) 안에서 안식하고 계신 사람은 동일한 존재인 것입니다.

이렇게 하나님의 아들(예수님)이 탄생되는 과정이나 하나님이 거하시는 성전이 건축되는 과정은 동일하기 때문에 오늘날 기독교인들이 하나님의 성전이 건축되는 과정을 분명하게 아는 것은 매우 중요한 일이라 생각 합니다. 왜냐하면 오늘날 기독교인들이 성전이 건축되는 과정을 알아야 하나님이 계시는 성전을 건축할 수 있고 또한 예수님과 같이 성령이 잉태되어 하나님의 아들로 태어날 수 있기 때문입니다.

이렇게 하나님의 성전은 사람들이 건물을 짓듯이 건축을 해서 하나님이 거하실 수 있는 성전이 완성되어야 하나님이 오셔서 임하시게 되는 것입니다. 하나님의 성전이 건축되는 것은 에베소서를 통해서 잘 말씀하고 있습니다.

[에베소서 2장 20~22절] 너희는 사도들과 선지자들의 터 위에 세우심을 입은 자라 그리스도 예수께서 친히 모퉁이 돌이 되셨느니라 그의 안에서 건물마다 서로 연결하여 주 안에서 성

전이 되어가고 너희도 성령 안에서 하나님의 거하실 처소가 되기 위하여 예수 안에서 함께 지어져 가느니라.

상기의 말씀과 같이 하나님의 성전은 사도들과 선지자들이 닦아놓은 터 위에 모퉁이 돌을 가지고 건축하여 완성되는 것입니다. 이렇게 하나님이 거하실 성전이 완성되면 하나님이 성전 안에 임하시는 것이며 이렇게 하나님이 거하시는 성전을, 곧 하나님의 아들이라 말하는 것입니다. 그런데 하나님의 성전은 어떤 사람이 건축을 하며 무엇을 가지고 어떻게 건축하는지 구체적으로 아는 사람이 별로 없다는 것입니다. 오늘날 목회자들이나 기독교인들은 하나님의 성전이 세상의 건물을 짓듯이 교인들이 드린 건축헌금을 가지고 건축자가 아름답게 설계하여 건축한 교회건물이 하나님이 계신 성전으로 알고 있습니다.

그러므로 오늘날 교회들은 교회건축을 서로 경쟁이라도 하듯이 크고 아름답게 건축을 하고 있는 것입니다. 이렇게 오늘날 목회자들은 하나님의 성전을 돈만 있으면 건축을 할 수 있는데 이스라엘의 왕인 다윗은 하나님을 위해 성전을 건축하기 위하여 모든 준비를 하였지만 하나님께서 허락지 않아 성전을 건축하지 못하고 그의 아들인 솔로몬 왕이 건축한 것을 볼 수 있습니다.

　다윗의 아들 솔로몬 왕도 하나님의 성전을 건축하기 전에 먼저 하나님께 천 번의 제사를 드린 후에 예루살렘 성전을 건축한 것입니다. 그런데 사도행전 7장을 보면 하나님께서 사람이 손으로 지은 건물(성전) 안에는 계시지 않는다고 말씀하시는데도 불구하고 오늘날 기독교인들은 교회(건물)안에 하나님이 계시다고 조금도 의심없이 믿고 있는 것입니다. 그래서 교인들이 하나님께 예배를 드리거나 기도를 하려면 하나님이 계신 교회로 가는 것입니다.

　그러므로 오늘날 기독교인들은 자신이 섬기는 교회 안에 하나님이 계시는지 아니 계시는지 그리고 하나님이 거하시는 성전은 과연 어떤 성전이며 누가 무엇으로 어떻게 건축하는지를 먼저 알아야 한다고 생각합니다. 성전은 목회자들이 돈으로 건축하는 건물성전이 있고 또한 하나님의 말씀으로 사람들 안에 건축하는 하나님의 성전이 있습니다.

　하나님의 성전이 건축되는 과정을 알려면 먼저 사람이 손으로 짓는 성전을 알면 많은 도움이 됩니다. 목회자가 성전을 건축하려면 먼저 돈이 있어야 하고, 둘째는 설계도가 있어야 하고, 세 번째는 건축 자료가 있어야 하고, 넷째는

면허를 가진 건축자가 있어야 하고, 다섯째는 건축허가가 있어야 건축을 할 수 있는 것입니다. 그리고 건축을 하려면 기초부터 완성하기까지 단계적 과정과 기간이 소요되는 것입니다. 그런데 원하는 성전을 온전히 잘 건축하려면 그 무엇보다 올바른 건물의 설계도와 유능한 목수가 있어야 하는 것입니다.

이와 같이 하나님이 거하시는 성전을 건축 하려해도 성전을 건축하는데 필요한 설계도와 하늘의 건축면허를 소지하고 있는 목수가 있어야 하는 것입니다. 그런데 하나님의 성전을 건축할 수 있는 하늘의 건축면허를 소유하신 분이 바로 예수님이신 것입니다. 그래서 하나님은 성전을 건축하시는 건축주이며 예수님을 목수의 아들이라 말씀하신 것입니다.

세상교회의 목회자들은 돈을 가지고 교회를 건축하지만 하나님의 아들이신 예수님은 하나님의 말씀으로 사람들 안에 성전을 건축하십니다. 예수님은 이 세상에 오셔서 그를 믿고 따르는 제자들 안에 하나님의 말씀으로 하나님의 성전을 건축하시고 제자들 안에 들어가 안식하고 계신 것입니다. 한 알의 밀(교회)이 땅에 떨어져 죽음으로 열두 열매(교회)를 맺은 것입니다.

이와 같이 예수님은 이 세상에 오셔서 목회자들이 건축하는 교회는 단 한 채도 건축하지 않으시고 오직 하나님의 말씀으로 제자들 안에 하나님의 성전을 건축하신 것입니다. 그러므로 오늘날 기독교인들은 예수님께서 사람들 안에 하나님의 말씀으로 건축하는 하나님의 성전을 올바로 알아야 합니다.

　하나님의 성전을 건축하는데 필요한 설계도는 창세기 1장에 자세히 기록되어 있습니다. 그런데 오늘날 목회자들이나 신학자들은 창세기 1장을 하나님께서 우주만물을 창조하신 과정을 기록한 것이라 주장을 하고 있습니다. 그러나 창세기 1장에 기록된 말씀들은 하나님께서 땅에 속한 미물들을 하늘에 속한 하나님의 아들로 창조하신다는 것을 말씀하고 있는 것입니다. 왜냐하면 하나님께서 처음에 흙으로 빚어 만든 땅, 곧 첫 아담은 사람의 겉모양은 갖추었으나 그 안은 공허하고 혼돈한 미완성의 상태이기 때문입니다.

　그러므로 하나님께서 속이 텅 비어 있는 땅, 곧 첫 아담을 하나님의 형상대로 창조하시기 위해서 말씀으로 6일 동안 창조하시는 것입니다. 이렇게 흙으로 만든 첫 아담은 사람의 모양은 갖추고 있으나 그 안은 아직 미완성된 미물과 같은 존재입니다. 때문에 하나님께서 땅에 속한 첫 아담(미물)을 하늘에 속한 둘째 아담, 즉 하나님의 모양과 형상대로 창조하시기 위해 말씀으로 6일 동안 창조하시고 칠일로 완성된 하늘, 곧 하나님의 아들 안에 들어가셔서 안식 하시겠다는 것을 말씀하고 있는 것입니다.

이렇게 하나님께서 말씀하시는 6일이란 단순한 날이 아니라 땅(첫아담)이 하늘(둘째아담)로 거듭나기까지의 여섯 과정을 비유로 말씀하시는 것입니다. 이렇게 흙으로 만들어진 혼적인 인간들은 그 영적인 차원과 상태에 따라 여섯 종류로 분류되어 있는데 곧 미물과 물고기와 기는 짐승과 육축과 여자와 남자입니다.

이와 같이 미물 곧 곤충이나 버러지 같이 아무 생각 없이 살아가는 존재들이 바다의 물고기로 거듭나는 과정이 1일(천년), 물고기 곧 세상에서 종교생활을 하는 자들이 육지로 나와 기는 짐승으로 거듭나는 과정이 1일(천년), 기는 짐승 곧 광야에서 모세의 율법으로 훈련받고 있는 자들이 걷는 짐승으로 거듭나는 과정이 1일(천년), 걷는 짐승이 육축으로 거듭나는 과정이 1일(천년), 육축 곧 양들이 요단강을 건너 가나안땅으로 들어가 여자로 거듭나는 과정이 1일(천년), 여자가 남자로 거듭나는 과정이 1일(천년), 모두 6

일, 즉 육천년이 걸린다는 것을 비유로 말씀하시는 것입니다. 왜냐하면 하나님의 하루는 인간들에게는 천년과 같기 때문입니다. 그런데 하나님께서 말씀하시는 1일이나 천년은 상징적인 수로 땅이 하늘로 완성되는 기간을 말하고 있기 때문에 사람의 상태와 열심에 따라 창조되는 기간이 육백년 혹은 육십년 혹은 육년이 될 수도 있습니다.

　　하나님은 이렇게 6일(육천년) 동안 말씀으로 창조(완성)된 남자(예수님) 안에 들어가셔서 안식하시는 것입니다. 때문에 하나님은 하나님의 말씀으로 6일 동안 창조하여 하나님의 아들로 완성된 남자(예수님), 즉 성전 안에서 안식하고 계신 것입니다.

　　이것은 마태복음 1장에 예수님께서 성령으로 잉태하여 하나님의 아들로 태어나는 과정과 동일한 것입니다. 즉 예수님은 아브라함으로부터 다윗까지 14대, 다윗부터 바벨론으로 이거할 때까지 14대, 바벨론으로 이거한 후로부터 그리스도까지 14대, 모두 42대 만에 예수그리스도(성령의 잉태)가 하나님의 아들로 태어나는 것을 말씀하고 있는 것입니다. 이것은 애굽의 피조물(물고기)인 존재가 하나님의 아들로 거듭나려면 출애굽을 하여 홍해바다를 건너 광야로 나아가 종의 신분으로 40년 동안 시험과 연단의 훈련과정을 마치고 요단강을 건너 가나안 땅으로 들어가 그 곳에서 나오는 젖과 꿀, 즉 예수님이 주시는 진리와 성령을 먹을 때 하나님의 아들로 거듭나는 것을 비유로 말씀하신 것입니다.

이렇게 험난하고 오랜 과정을 통해서 성전이 건축되는 것이며 하나님의 아들인 예수님이 태어나시는 것입니다. 이렇게 오늘날 기독교인들도 하나님의 아들로 태어나려면 이러한 과정, 즉 애굽신앙에서 벗어나 홍해를 건너 광야의 율법을 거쳐 요단강을 건너 가나안에 들어가 예수님이 주시는 산 떡(생명의 말씀)을 먹어야 하나님의 아들로 거듭나게 되는 것입니다. 그런데 애굽에 머물면서 아직 출애굽도 하지 못한 피조물(첫아담), 즉 물고기의 상태에 있는 기독교인들이 이러한 창조의 과정을 모르기 때문에 하나님께서 처음에 사람들을 하나님의 형상과 모양대로 지어서 자신들이 곧 하나님의 아들 혹은 하나님이라 말하고 있는 것입니다.

만일 이렇게 하나님의 형상과 모양대로 창조 받은 하나님이 선악과를 먹고 죄인이 되었고 또한 죄로 말미암아 하나님이 죽었다는 것은 어불성설입니다. 왜냐하면 하나님의 생명은 죄를 범할 수 없는 것은 물론 죽을 수도 없고 죽어서도 안 되는 영원불변하는 생명이기 때문입니다. 그러므로 창세기에 하나님께서 하나님의 모양과 형상대로 사람으로 창조하신 사람은 하나님의 아들(인자)이신 예수님을 말하며 예수님을 믿고 따르는 예수님의 제자들은 육축(양)이라 말씀하고 있는 것입니다. 그리고 광야의 율법신앙에 머물고 있는 유대인들은 들짐승이며 세상교회의 교리와 기복신앙에 머물고 있는 기독교인들은 물고기라고 말하는 것입니다. 이렇게 하나님의 말씀으로 창조되어 하나님의 아들이 되신 예수님은 하나님의 뜻에 따라 그의 제자(양)들을 하나님의 말씀으로 창조하시고 제자들 안에 들어가 안식하게 되시어 제자들은 하나님의 아들로 거듭나 사도들이 된 것입니다.

하나님은 지금도 이렇게 하나님의 말씀으로 창조된 하나님의 아들, 곧 하나님의 성전 안에서 안식하고 계신 것입니다. 그러므로 사도바울은 하나님의 말씀으로 창조된 하나님의 아들들을 가리켜 너희가 곧 하나님의 성령이 거하시는 하나님의 전(성전)이라 말씀하신 것입니다. 성경에 예수님을 교회 혹은 성전이라 말씀하시는 것은 예수님 안에 성령, 곧 하나님이 계시기 때문입니다.

그런데 아직 짐승으로도 창조 받지 못한 기독교인들이

예수님을 믿는다는 이유하나로 모두 하나님의 아들이 되어 있고 또한 하나님이 거하시는 성전(교회)이 되어 있는 것입니다. 그리고 사람이 손으로 건축한 교회건물에 하나님이 계시다고 지극정성으로 교회를 섬기고 있는 것입니다.

그러나 사람이 손으로 지은 건물 성전은 하나님의 백성이 모여서 기도하고 예배드리는 장소이며 진정한 하나님의 성전은 하나님이 안에 거하시는 예수님과 또한 예수님을 통해서 하나님의 아들로 거듭난 사도들을 말씀하고 있는 것입니다. 그런데 유대인들이나 오늘날 기독교인들은 하나님의 아들로 거듭나는 과정이나 하나님의 성전이 건축되는 과정을 모르기 때문에 사람들이 손으로 건축한 교회가 하나님의 성전이라 말하고 있는 것입니다. 성경을 보면 하나님의 백성은 성전을 건축할 돌들로 그리고 예수님은 성전 건축의 기준이 되는 모퉁이 돌(머릿돌)로 비유하여 말씀하고 있습니다. 그런데 성전을 건축하는 돌들은 하나님의 말씀을 비유하여 말씀하고 있으며 모퉁이 돌은 산 돌, 즉 생명의 말씀을 비유하여 말씀하고 있는 것입니다.

그러므로 오늘날 목회자들이나 기독교인들은 헌금으로 성전 건물만 건축할 것이 아니라 모퉁이 돌, 즉 생명의 말씀으로 자신 안에 하나님이 거하실 수 있는 하나님의 성전을 건축해야 하는 것입니다.

　문제는 하나님의 성전을 건축하려면 하나님이 주시는 건축면허를 소지하고 있는 하나님의 아들이 있어야 하는 것입니다. 왜냐하면 건축면허가 없으면 하나님의 설계도를 볼 수가 없고 따라서 하나님이 원하시는 성전을 건축할 수 없기 때문입니다. 그러므로 하나님께서는 하나님의 성전을 건축할 수 있는 하나님의 아들을 지금도 변함없이 계속해서 보내주시는 것입니다.

　단지 오늘날 기독교인들은 영안이 없어서 하나님의 아들을 보지 못하고 있을 뿐입니다. 그러나 성경을 올바로 보고 안다면 하나님께서 오늘날 구원자로 보내주시는 하나님의 아들을 알 수 있습니다. 왜냐하면 구약성경은 오실 메시야 그리고 신약성경은 오신 메시야, 즉 하나님의 아들에 대해서 기록해 놓았기 때문입니다. 그러므로 지금이라도 오늘날 하나님이 보내주시는 하나님의 아들을 믿고 따르며 하나님의 말씀으로 자기 안에 하나님이 거하시는 하나님의 성전을 건축해야 합니다,

　그러면 하나님께서 하나님의 성전으로 완성된 자들 안에 임하시는 것이며 이때 예수님과 같이 하나님의 모양과 형상대로 지음을 받은 하나님의 아들로 거듭나게 되는 것

입니다.

　이와 같이 오늘날 기독교인들도 하나님의 아들로 거듭 나려면 이러한 창조의 과정을 거쳐서 하나님의 말씀으로 하나님이 거하실 수 있는 성전을 건축해야 합니다.

　하나님께서는 지금도 오늘날 기독교인들이 하루속히 하나님이 거하실 수 있는 하나님의 성전을 건축하기를 원하며 기다리고 계십니다.

4. 성찬식 (떡과 포도주)

예수님께서
제자들에게 먹으라고 주신 살과 피,
즉 떡과 포도주는 육신의 양식이 아니라
모두 예수님의 입에서 나오는 말씀을
비유로 말씀하신 것입니다.

성찬식 (떡과 포도주)

　하나님과 예수님을 믿고 있는 기독교회나 천주교회에서
는 부활절이나 월초에 혹은 주일날에 떡과 포도주를 장만
하여 성찬식을 하고 있습니다. 성찬식은 예수님이 유대인
들에게 잡혀가시기 전날 저녁에 예수님께서 그의 제자들과
함께 먹고 마신 떡과 포도주를 말합니다. 문제는 예수님이
제자들에게 먹으라고 주신 떡과 포도주는 지금 교인들이
먹고 있는 떡과 포도주가 아니라 예수님의 살과 피라는데
있습니다. 그런데 만일 성찬식에 제자들이 먹고 마셨던 떡
과 포도주가 진정 예수님의 살과 피라면 예수님께서 어떻
게 자신의 몸을 떼어서 먹으라고 줄 수 있으며 또한 예수님
의 피를 어떻게 마시라고 할 수 있느냐는 것입니다.
　그리고 예수님께서 진정으로 자신의 살과 피를 주어서
먹으라고 하셨다면 예수님의 제자들이 어떻게 식인종처럼
예수님의 살과 피를 먹을 수가 있었느냐 하는 것입니다. 그
러면 예수님께서 제자들에게 먹으라고 주신 살과 피는 무
엇을 비유하여 말씀하신 것일까요? 그리고 예수님께서 제
자들에게 먹으라고 주신 살과 피를 오늘날 기독교인들도
제자들과 같이 동일하게 먹을 수 있는 것일까요? 그러므로

오늘날 기독교인들은 성찬식을 하기 전에 예수님이 제자들에게 먹으라고 주신 떡과 포도주의 실체가 무엇인지 그리고 오늘날 기독교인들도 예수님의 제자들과 같이 예수님이 주시는 떡과 포도주를 먹을 수 있는 자격이 있는지를 먼저 알아야 한다고 생각합니다.

예수님께서 제자들에게 먹으라고 주신 살과 피, 즉 떡과 포도주는 육신의 양식이 아니라 모두 예수님의 입에서 나오는 말씀을 비유로 말씀하신 것입니다. 왜냐하면 예수님은 말씀이 육신 되신 분으로 예수님의 몸은 곧 말씀이기 때문입니다. 그러므로 예수님이 주시는 살과 피를 먹고 마시려면 반드시 예전이나 오늘날이나 실존 예수가 계셔야 한다는 것입니다. 그런데 예수님께서 동일한 말씀을 무엇 때문에 떡과 포도주라고 분리해서 말씀을 하셨을까요? 이러한 영적인 말씀들은 유대인들이나 오늘날 기독교인들만 모르는 것이 아니라 예수님의 제자들도 듣기 힘들어 했던 말씀들입니다.

[요한복음 6장 48~63절] 내가 곧 생명의 떡이로라 너희 조상들은 광야에서 만나를 먹었어도 죽었거니와 이는 하늘로서 내려오는 떡이니 사람으로 하여금 먹고 죽지 아니하게 하는 것

이니라 나는 하늘로서 내려온 산 떡이니 사람이 이 떡을 먹으면 영생하리라 나의 줄 떡은 곧 세상의 생명을 위한 내 살이로라 하시니라 이러므로 유대인들이 서로 다투어 가로되 이 사람이 어찌 능히 제 살을 우리에게 주어 먹게 하겠느냐 예수께서 이르시되 내가 진실로 진실로 너희에게 이르노니 인자의 살을 먹지 아니하고 인자의 피를 마시지 아니하면 너희 속에 생명이 없느니라 내 살을 먹고 내 피를 마시는 자는 영생을 가졌고 마지막 날에 내가 그를 다시 살리리니 내 살은 참된 양식이요 내 피는 참된 음료로다 내 살을 먹고 내 피를 마시는 자는 내 안에 거하고 나도 그 안에 거하나니 살아계신 아버지께서 나를 보내시매 내가 아버지로 인하여 사는 것 같이 나를 먹는 그 사람도 나로 인하여 살리라 이것은 하늘에서 내려온 떡이니 조상들이 먹고도 죽은 그것과 같지 아니하여 이 떡을 먹는 자는 영원히 살리라 이 말씀은 예수께서 가버나움 회당에서 가르치실 때에 하셨느니라 제자 중 여럿이 듣고 말하되 이 말씀은 어렵도다 누가 들을 수 있느냐 한대 예수께서 스스로 제자들이 이 말씀에 대하여 수군거리는 줄 아시고 가라사대 이 말이 너희에게 걸림이 되느냐 그러면 너희가 인자의 이전 있던 곳으로 올라가는 것을 볼것 같으면 어찌 하려느냐 살리는 것은 영이니 육은 무익하니라 내가 너희에게 이른 말이 영이요 생명이라.

예수님은 내가 곧 생명의 떡이라 말씀하시면서 너희 조상들은 광야에서 만나를 먹었어도 죽었지만 나는 하늘로서 내려온 떡이니 내가 주는 떡을 먹는 자는 죽지 않고 영생하게 된다고 말씀하고 있습니다. 유대인들의 조상인 이스라엘 백성들이 만나를 먹고 죽게 된 것은 광야에는 모세와 율법 밖에 없고 또한 광야에는 생명의 떡을 줄 수 있는 하나님의 아들(예수님)이 없었기 때문입니다. 즉 광야에는 모세와 만나(율법) 밖에 없고 하나님의 아들과 생명의 떡은 오직 가나안 땅에만 있다는 것을 말해주는 것입니다. 때문에 구약에 교리나 율법신앙에 머물고 있는 유대인들은 하나님의 아들이 없어 짐승, 즉 양을 잡아서 양의 고기를 먹고 그 피를 문밖에 뿌리며 문설주와 인방에 바른 것입니다.

이렇게 지금도 애굽(세상교회)에는 제사장과 유교병(각종교리)이 있고 광야(광야교회)에는 모세와 무교병(율법)이 있으며 예수님과 산 떡(생명의 말씀)은 가나안 땅에만 존재하고 있는 것입니다. 때문에 오늘날 기독교인들도 예수님이 주시는 산 떡(생명의 말씀)을 먹으려면 출애굽을 하여 광야에서 사십년 동안 불과 구름기둥 속에서 만나를 먹으며 시험과 연단의 과정을 마치고 가나안 땅에 들어가야 예수님이 주시는 산 떡, 즉 생명의 말씀을 먹을 수 있는 것입니다. 이와 같이 지금 예수님으로부터 산 떡을 먹고 있는 예수님의 제자들은 이미 애굽과 광야를 거쳐 가나안에 들어온 자(양)들이라는 것입니다. 때문에 예수님께서 제자들에게 나는 하늘로서 내려온 산 떡으로 내가 주는 떡은 너희(그 세상)에게 생명을 주기 위한 내 살이라고 말씀하고 있는 것입니다.

이 말씀을 들은 유대인들은 서로 다투어 말하되 이 사람이 어찌 제 살을 우리에게 주어 먹게 하겠느냐고 수군거리는 것입니다. 때문에 예수님께서 너희가 인자의 살을 먹지 아니하고 인자의 피를 마시지 아니하면 너희 속에 생명이 없다고 말씀하시면서 "내 살은 참된 양식이요 내 피는 참된 음료이기 때문에 내 살을 먹고 내 피를 마시는 자는 내안에 거하고 나도 그 안에 거하게 된다"고 말씀하시는 것입니다.

문제는 예수님이 하시는 말씀을 들은 제자들도 "이 말씀은 어렵도다 그런즉 이런 말씀을 누가 들을 수 있느냐"고 이구동성으로 말하고 있다는 것입니다. 이렇게 예수님께서 하시는 영적인 말씀들은 유대인들이 듣지 못하는 것이 아니라 예수님의 제자들도 심히 듣기 어려워했던 것입니다.

그런데 오늘날 기독교인들은 예수님이 주시는 살과 피

의 영적인 의미도 모르는 상태에서 교회에서 장만해 놓은 성찬, 즉 떡과 포도주를 예수님의 살과 피라고 믿으며 먹고 마시고 있는 것입니다. 때문에 하나님께서 성찬에 참예하기 전에 자신의 몸과 영적인 상태를 먼저 확인 해보라고 말씀하시는 것입니다. 왜냐하면 아직 애굽교회(세상교회)에서 유교병(교리)을 먹고 있는 죄인들이나 광야에서 무교병(율법)을 먹고 있는 종들은 예수님이 주시는 산 떡(생명의 말씀)을 먹으면 오히려 죄를 범하는 것이기 때문입니다. 예수님이 주시는 산 떡은 오직 애굽과 광야를 거쳐 가나안 땅에 들어온 자(양이나 여자)들이 먹는 양식입니다.

이렇게 세상의 양식도 짐승이 먹는 사료가 있고 사람들이 먹는 음식이 있는데 사람들이 먹는 양식도 노비나 종이 먹는 양식과 주인이나 아들이 먹는 양식이 다르듯이 하나님의 백성들이 먹는 양식(말씀)도 영적인 상태와 차원에 따라 각기 다른 것입니다. 이것은 유, 초등학교의 교재와 중고등학교의 교재와 대학교와 대학원의 교재가 각기 다른 것과 같은 것입니다.

옛 말에 송충이는 솔잎을 먹어야지 갈잎을 먹으면 죽는다는 말이 있듯이 어린이는 젖이나 죽을 먹어야지 단단한 음식을 먹으면 탈이 나는 것입니다. 이렇게 예수님이 주시는 말씀이나 성찬도 아무나 먹을 수 있는 것이 아니라 가나안 땅에 들어온 자들에 한해서 먹을 수 있다는 것을 알아야 합니다. 이제 고린도 전서 11장의 말씀을 통해서 성찬식에 대하여 자세히 알아보기로 하겠습니다.

[고린도전서 11장 23~29절] 내가 너희에게 전한 것은 주께 받은 것이니 곧 주 예수께서 잡히시던 밤에 떡을 가지사 축사하시고 떼어 가라사대 이것은 너희를 위하는 내 몸이니 이것을 행하여 나를 기념하라 하시고 식후에 또한 이와 같이 잔을 가지시고 가라사대 이 잔은 내 피로 세운 새 언약이니 이것을 행하여 마실 때마다 나를 기념하라 하셨으니 너희가 이 떡을 먹으며 이 잔을 마실 때마다 주의 죽으심을 오실 때까지 전하는 것이니라 그러므로 누구든지 주의 떡이나 잔을 합당치 않게 먹고 마시는 자는 주의 몸과 피를 범하는 죄가 있느니라 사람이 자기를 살피고 그 후에야 이 떡을 먹고 이 잔을 마실찌니 주의 몸을 분변치 못하고 먹고 마시는 자는 자기의 죄를 먹고 마시는 것이니라.

상기의 말씀은 예수님께서 유대인들에게 잡히시기 전날 밤에 제자들과 함께 떡과 잔을 가지고 성찬식을 하는 장면입니다. 예수님께서 떡을 가지고 하나님께 감사를 하시고 떡을 떼어서 제자들에게 나누어 주시면서 이 떡은 너희를 위하는 내 몸이니 너희가 이같이 행하여 나를 기억하라 하시고 또 식후에 잔(포도주)을 가지고 이 잔은 피로 세운 새 언약이니 너희가 이것을 행하여 잔을 마실 때마다 나를 기억하라고 말씀하고 있습니다.

그런데 예수님이 주시는 떡과 포도주, 즉 예수님의 살과 피는 동일하게 말씀을 말하고 있는데 무엇 때문에 살과 피를 분리해서 말씀하셨을까? 이 말씀은 비유로 예수님의 말씀 가운데 가장 큰 비밀이라 할 수 있습니다,

예수님이 주시는 살(떡)은 죽은 자들이 살기 위해 먹는 양식이며 피는 떡을 먹고 살아난 자(하나님의 아들)들이 죽은 영혼들을 살리기 위해 먹이는 양식, 즉 희생의 피를 비유로 말씀하고 있는 것입니다. 즉 예수님의 제자들이 살기 위해서 받아먹는 말씀은 떡이며 예수님이 제자들을 살리기 위해서 주시는 말씀은 피 입니다. 왜냐하면 피 흘림이 없이는 죄 사함이 없다고 말씀하고 있기 때문입니다. 이렇게 자신이 살기 위해 먹는 말씀은 떡이며 이웃을 살리기 위해 먹이는 말씀은 피라고 말씀하신 것입니다.

때문에 예수님께서 제자들에게 주시는 떡과 포도주는

피로 세운 새 언약이라고 말씀하신 것인데 새 언약은 예수님이 제자들에게 지키라고 명하신 새 계명, 즉 첫째 위로 하나님을 사랑하여 하나님의 아들로 거듭나라는 것이며 둘째는 하나님의 아들로 거듭난 자들은 이웃에 죽어가는 영혼들을 네 몸과 같이 사랑하여 하나님의 아들로 만들라고 말씀하신 것입니다.

이렇게 예수님께서 지키라고 주신 새 계명은 곧 예수님이 제자들에게 주신 살과 피를 말씀하고 있는 것입니다. 예수님은 너희가 이 떡을 먹으며 이 잔을 마실 때마다 나의 죽음을 생각하고 너희 안에 주가 오실 때(아들로 거듭날 때)까지 내가 너희에게 전한 말들(새 계명)을 이웃에게 전하라는 것입니다.

그리고 누구든지 주의 떡이나 잔을 합당치 않게 먹고 마시는 자는 주의 몸과 피를 범하는 죄가 있다는 것입니다. 즉 아직 주의 떡이나 잔을 먹고 마실 자격이 없는 자가 함부로 먹으면 오히려 죄를 범하는 것이라는 뜻입니다. 그러므로 성찬을 먹기 전에 내가 주의 떡과 잔을 먹고 마실 자격이 있는지 없는지를 자세히 살펴본 후에 이 떡을 먹고 이 잔도 마시라는 것입니다.

만일 자기의 상태를 분별하지 못하고 함부로 주의 떡을

먹고 잔을 마시는 자는 자신의 죄를 먹고 마시는 것이라 말씀하고 있습니다. 왜냐하면 자신의 영적상태를 모르고 주의 떡과 잔을 함부로 먹고 마시면 자신도 죽고 남도 죽이기 때문입니다.

그러므로 아직 세상교회에 머물고 있는 기독교인들이 모형과 그림자로 행하는 성찬에는 참예할 수 있으나 예수님이 주시는 떡과 포도주는 먹을 수도 없고 먹어서도 안 되는 것입니다. 때문에 오늘날 기독교인들이 예수님이 주시는 성찬을 먹고 마시려면 하루속히 애굽의 교리와 기복신앙에서 벗어나 광야로 나아가 구름기둥과 불기둥 아래서 모세의 율법을 지켜 행하는 과정을 모두 마치고 가나안 땅으로 들어가야 합니다. 그러면 그때 가나안에 계신 예수님께서 자신의 몸인 살과 피, 즉 생명의 말씀을 주실 것이며 또한 그 때 주님이 원하시는 성찬을 행할 수 있는 것입니다.

이러한 과정을 통해서 가나안에 들어가 예수님이 주시는 살과 피를 먹을 때 하나님의 생명으로 거듭나서 하나님의 아들이 되는 것이며 예수님과 같이 성찬식도 행할 수 있는 것입니다.

당신의 사랑

당신의 뜨거운 사랑은
얼어 붙은 마음을
따뜻한 햇살로
감싸주면서

불어오는 바람으로
어루만져
얼어붙은 마음을
달래주며 녹여줍니다

당신의 사랑은
따뜻한 봄날의
햇살처럼 따뜻하게
느껴집니다.

5. 사도신경

사도신경은
어느 누가 언제 기록을 한 것일까?
오늘날 기독교인들은
사도신경의 근원이나 유래를
반드시 알아야 합니다.

사도신경

　오늘날 기독교인들이 예배를 드릴 때마다 신앙을 고백
하고 있는 사도신경은 열두 사도들의 신앙을 이어받아 내
려오는 것이라 믿고 있습니다. 때문에 사도신경은 기독교
신앙의 중추적인 역할을 하고 있으며 또한 기독교 교리의
근원적 핵심이 되어 있는 것입니다. 그런데 사도신경은 성
경에 기록된 예수님의 말씀과 사도들의 신앙관과는 너무나
다르다는 것입니다.

　이렇게 잘못된 사도신경은 진리를 찾아 생명의 길을 가
는 교인들의 신앙에 막대한 지장과 혼란을 주고 있는 것입
니다. 때문에 지금은 사도신경을 하지 않는 교회도 늘어나
고 있는 실정입니다. 그러면 사도신경은 어느 누가 언제 기
록을 한 것일까? 오늘날 기독교인들은 사도신경의 근원이
나 유래를 반드시 알아야 합니다.

　사도신경은 초대교회 시절 서방교회에서 처음 시작되
었습니다. 이때부터 교인들이 사도신경을 통하여 신앙고백
을 하게 된 것인데 사도신경은 주로 세례문답을 할 때 사용
하였습니다. 그러나 사도신경이 사도들의 신앙고백이라는
확실한 근거나 증거는 지금까지 찾아볼 수 없는 것입니다.

단지 사도신경의 유래는 4세기 말경에 존재하던 루피
누스와 암브로시우스가 기록한 문서의 내용을 발췌(拔萃)
하여 그때부터 사용한 것으로 전해오고 있습니다. 이들이
기록해 놓은 문서에는 사도신경이 12항목으로 되어 있는데
예수님의 열두 사도들에 의해 만들어진 것으로 소개하고
있습니다. 즉 사도신경은 예수님의 제자들이 성령을 받은
후 복음을 전파하러 나가기 전에 신앙의 요체(要諦)를 한
항목씩 고백하였다는 설이 있습니다.

　이러한 문서를 근거로 하여 초대교회로부터 전승되어
온 사도신경은 중세기까지 그대로 받아들여졌으나 근대 학
자들에 의해 신빙성(信憑性) 문제가 제기 되었습니다. 그럼
에도 불구하고 사도신경은 수 세기를 거쳐 내려오면서 기
독교의 공동체 안에서 지금까지 사용되어 오고 있는 것입
니다. 그런데 사도신경이 현재의 형태로 정리되어 사용되
기 시작한 것은 8세기 초 피르미나우스에 의해서였습니다.
이렇게 재정비된 사도신경은 중세 초기에 서방의 모든 교
회들이 세례의식 때 사용을 하였으며 9세기에 이르러서는
초신자들의 교육내용으로 보편화된 것입니다.

　사도신경은 결국 12세기에 들어서면서 교회들의 공식
신조로 정착하게 된 것입니다. 그런데 한국교회들이 지금

번역(飜譯)하여 사용하고 있는 사도신경은 그 문맥과 내용들이 카톨릭교회와 성공회와 프로테스탄트교회가 각기 조금씩 다르다는 것입니다.

사도신경은 이러한 역사적 배경과 정통성을 가지고 모든 기독교인들이 지금까지 지켜오고 있는 것입니다. 이와 같이 사도신경은 사도들이 만든 신앙고백서가 아니라 4세기 말경에 존재하던 루피누스와 암브로시우스가 기록한 문서의 내용을 발췌(拔萃)하여 그때부터 사용한 것을 사도들의 신앙고백서라 믿고 사용하고 있는 것입니다.

문제는 사도신경의 내용이 성경에 기록된 내용과 전혀 다르다는 것입니다. 이제 사도신경에 담겨진 내용들이 성경과 무엇이 어떻게 다른가를 한절한절 살펴보기로 하겠습니다.

1) 전능하사 천지를 만드신 하나님 아버지를 내가 믿사오며 그 외아들 우리 주 예수그리스도를 믿사오니

사도신경의 첫 구절은 전능하신 하나님께서 천지를 만드셨다는 것과 그 외아들 우리 주 예수그리스도를 내가 믿는다는 것입니다. 전능하신 하나님께서 천지를 만드셨다는 천지창조는 지금도 신학자들과 진화론자들 간에 논쟁을 하고 있는 의문 중에 하나로 아직도 명확하게 해결하지 못하고 있는 실정입니다. 왜냐하면 지금도 진화론자들은 우주만물이 하나님의 창조물이 아니라 자연적 진화에 의해서 나타난 것이라 주장을 하고 있으며 기독교인들은 하나님의 창조물이라 주장을 하고 있기 때문입니다. 그러므로 이 질문은 세상의 과학이나 학문적으로 답변할 수가 없고 성경적으로 답변할 수밖에 없습니다.

왜냐하면 성경 창세기 1장 1절에 태초에 하나님이 천지, 즉 하늘과 땅을 창조하셨다고 분명하게 기록되어 있기 때문입니다. 뿐만 아니라 하나님께서 하늘의 궁창과 해와 달과 별들을 만드시고 땅에는 각종 짐승과 식물들을 종류대로 그리고 바다에는 각종 물고기들을 종류대로 만드셨다고 말씀하고 있기 때문입니다.

이렇게 하나님은 우주만물을 창조하셨으며 또한 지금 이 순간에도 자연만물과 인간들의 생사화복을 주관하고 계신 것입니다. 때문에 자연만물이나 인간들은 모두 피조물들이며 하나님은 우주만물을 창조하신 창조주이신 것입니다. 하나님께서 우주만물을 창조하셨다는 증거는 창세기에 기록된 하나님의 말씀을 통해서 명확히 증명할 수 있습니다.

[창세기 1장 1~2절] 태초에 하나님이 천지를 창조하시니라 땅이 혼돈하고 공허하며 흑암이 깊음 위에 있고 하나님의 신은 수면에 운행하시니라.

[창세기 1장 7절] 하나님이 궁창을 만드사 궁창 아래의 물과 궁창 위의 물로 나뉘게 하시매 그대로 되니라.

[창세기 1장 16~18절] 하나님이 두 큰 광명(해)을 만드사 큰 광명으로 낮을 주관하게 하시고 작은 광명(달)으로 밤을 주관하게 하시며 또 별들을 만드시고 하나님이 그것들을 하늘의 궁창에 두어 땅에 비취게 하시며 주야를 주관하게 하시며 빛과 어둠을 나뉘게 하시니라 하나님의 보시기에 좋았더라.

[창세기 1장 11~12절] 하나님이 가라사대 땅은 풀과 씨 맺는 채소와 각기 종류대로 씨가진 열매 맺는 과목을 내라 하시매 그대로 되어 땅이 풀과 각기 종류대로 씨 맺는 채소와 각기 종류대로 씨가진 열매 맺는 나무를 내니 하나님의 보시기에 좋았더라.

[창세기 1장 21절] 하나님이 큰 물고기와 물에서 번성하여 움직이는 모든 생물을 그 종류대로 날개 있는 모든 새를 그 종류대로 창조하시니 하나님의 보시기에 좋았더라.

[창세기 1장 24~25절] 하나님이 가라사대 땅은 생물을 그 종류대로 내되 육축과 기는 것과 땅의 짐승을 종류대로 내라 하시고(그대로 되니라) 하나님이 땅의 짐승을 그 종류대로, 육축을 그 종류대로, 땅에 기는 모든 것을 종류대로 만드시니 하나님의 보시기에 좋았더라.

상기의 말씀과 같이 하나님은 하늘과 땅 그리고 하늘의 궁창을 만드시고 궁창(창공)에 큰 광명(해)과 작은 광명(달)과 별들을 만드셔서 그 광명으로 하여금 땅에 비추게 하시며 주야를 주관하게 하신 것입니다. 그뿐만 아니라 하나님은 땅과 바다를 만드시고 땅은 풀과 씨 맺는 채소와 열매 맺는 과목을 내라 하시고 바다에는 큰 물고기와 물에서 번성하여 움직이는 모든 생물을 종류대로 창조하셨다고 말씀하고 있습니다. 또한 하나님께서 땅은 생물을 종류대로 내라하시고 육축과 짐승들을 그 종류대로 만드셨다고 말씀하고 있습니다.

　이로 보건대 우주만물은 자연적 진화에 의해 나타난 것이 아니라 하나님의 창조물이라는 것이 분명합니다. 때문에 성경을 하나님의 말씀으로 믿고 있는 기독교인들은 모두 우주만물은 하나님께서 창조하셨다고 강력히 주장을 하고 있는 것입니다. 이와 같이 하나님께서 우주만물을 창조를 하셨기 때문에 모든 만물이 지금까지 존재하며 살아서 활동하고 있는 것입니다.

　그런데 그 보다 더 중요한 것은 하나님께서 우주만물을 한시라도 주관하시지 않거나 운행하시지 않고 방치 한다면 이 우주는 한 순간에 운행이 정지되어 모두 파괴되어 사라져 버린다는 것입니다. 때문에 하나님께서 우주만물을 창조하셨다는 것과 지금 이순간도 하나님께서 자연만물은 물론 인간들의 생사화복을 주관하고 계신다는 것은 부정할 수 없는 사실입니다.

그런데 하나님께서 성경에 기록된 모든 말씀은 영적인 의미로 말씀하고 있다는 것입니다. 때문에 하나님께서 창조하신 천지창조도 세상의 비유를 들어서 말씀하고 있다는 것입니다. 그러므로 창세기 1장을 통해서 말씀하고 있는 천지창조는 하나님께서 자연만물을 창조하신 것이 아니라 구속사적인 의미로 땅의 존재를 하늘의 존재로 창조하신다는 것을 비유로 말씀하고 있는 것입니다.

즉 땅에 속한 육신의 존재를 하나님의 말씀을 통해서 하늘에 속한 하나님의 아들로 창조하신다는 것을 말씀하고 있는 것입니다. 왜냐하면 하나님께서 성경을 기록한 목적은 오직 땅에 속한 피조물들을 하나님의 말씀으로 창조하여 하나님의 아들로 만드시기 위해서 기록한 것이기 때문입니다. 하나님께서 땅, 즉 흙으로 만든 인간들을 하나님의 말씀으로 양육하여 하늘, 즉 하늘에 속한 하나님의 아들로 창조하시려는 것인데 이는 하나님께서 우주만물은 이미 창조해 놓으셨기 때문입니다.

왜냐하면 사람들도 자식을 낳아 기르려면 먼저 살 집부터 준비하고 아이를 낳고, 기업을 하는 사람이 상품을 만들려면 먼저 공장부터 건축한 후 상품을 만들어 내는 것과 같이 하나님께서 땅에 속한 죄인들을 구원하여 하늘로 창조하기 위해서 우주만물은 이미 창조해 놓으셨다는 것은 당연지사이기 때문입니다.

그러므로 성경에 기록된 모든 말씀은 구속사적으로 하나님께서 어둠에 속한 죄인들을 하나님의 아들을 통해서 구원하고 살려서 하나님의 아들로 창조하시려는 것입니다. 때문에 창세기 1장 1절에 기록된 태초에 하나님이 천지를 창조하셨다는 원문의 진정한 뜻은 성부하나님(태초) 안에 있는 성자하나님들(하늘들)이 땅에 속한 존재를 육일 동안 하나님의 말씀을 통해서 하늘에 속한 하나님의 아들로 창조하신다는 뜻으로 말씀하고 있는 것입니다.

그런데 오늘날 기독교인들은 창세기 1장 1절에 '태초'와 요한복음 1장 1절에 기록된 '태초'를 단순히 시제, 즉 무엇이 시작되는 어느 기점으로 알고 있습니다. 이것은 성경번역자나 신학자들이 '태초'를 모두 시제로 번역해 놓았기 때문입니다. 그러나 태초는 원문에 '레쉬'로 기록되어 있으며 단어의 뜻은 태초라는 시제의 의미도 있지만 주로 '머리, 근원, 근본, 최상, 우두머리' 라는 의미입니다.

그러므로 태초는 시제가 아니라 근원적이며 최상의 의미로 하나님의 우두머리, 즉 성부하나님을 말씀하고 있는 것입니다.

때문에 창세기 1장 1절에 원문의 뜻은 '태초에 하나님이 천지를 창조하시니라' 가 아니라 '성부하나님 안에 계신 하나님의 아들들이 땅을 하늘로 창조하시니라' 는 뜻입니다.

　즉 성부하나님 안에 계신 하나님의 아들들이 땅에 속한 죄인들을 구원하고 하나님의 말씀으로 창조하여 하늘에 속한 하나님의 아들로 만드신다는 의미입니다. 이렇게 1절에서 말씀하시는 하늘은 하나님의 아들이신 예수님을 말하며 땅은 흙으로 만든 첫 아담, 즉 아직 미완성된 육적이고 혼적인 존재들을 말씀하고 있는 것입니다. 때문에 예수님은 땅에 속한 죄인들을 구원하여 하나님의 아들로 창조하시기 위해 이 세상에 오신 것입니다.

　예수님께서 주기도문을 통해 하나님의 뜻이 하늘에서 이루어진 것 같이 땅에서도 이루어지게 하여 달라고 기도하라고 가르쳐주신 것은 바로 이 때문입니다. 즉 하나님의 뜻이 이미 하늘(예수님)에게 이루어졌으니 하나님의 뜻이 하늘에서 이루어진 것 같이 땅, 곧 죄인 된 우리에게도 이루어지게 해달라고 기도하라는 것입니다. 때문에 하늘이신 예수님은 창세기 1장 1절의 말씀에 따라 땅에 속한 존재들을 하늘에 속한 존재로 창조하시기 위해 이 세상에 오신 것입니다.

　예수님은 이 세상에 오셔서 예수를 구주로 믿고 따르는 땅들, 곧 열두 제자들을 생명의 말씀으로 날마다 창조하여 하늘에 속한 하나님의 아들로 만드신 것입니다.

　이렇게 성경에서 말씀하고 계신 천지창조는 자연만물을 창조하신 것이 아니라 땅에 속한 죄인들을 구원하여 하나님의 아들로 창조하신다는 것을 말씀하고 있는 것입니다. 왜냐하면 하나님께서 성경을 통해서 말씀하시는 모든 말씀은 구속사적으로 모두 땅에 속해 있는 죄인들을 구원하여 하나님의 아들로 창조하시기 위해서 기록한 말씀이기 때문입니다. 그러므로 아직 하나님의 말씀으로 창조 받지 못한 땅(육적)의 존재들은 하루속히 하나님의 말씀을 통해서 하나님의 아들로 창조 받아야 하는 것입니다.

　이어지는 말씀은 하나님을 우리 혹은 나의 아버지라 믿고 있는 고백입니다. 이 말씀 때문에 오늘날 기독교인들은 하나님을 아무 거리낌 없이 자기 아버지라고 믿으며 하나님을 아버지라 부르고 있는 것입니다.

　문제는 사도신경에서 하나님의 아들은 오직 하나 밖에 없는 외아들이라고 말하고 있다는 것입니다. 외아들이란 아들이 오직 하나 밖에 없다는 뜻입니다. 그런데 하나님의 아들은 하나밖에 없는 외아들이다 혹은 독생자다 하면서 기독교인들이 어떻게 하나님의 아들이라 말할 수 있는가 하는 것입니다. 만일 예수님이 외아들이 아니라 맏아들이라면 기독교인들도 아들이 될 수 있는 가능성이 있습니다. 그런데 사도신경을 통해서 예수님은 분명히 외아들이라고 고백하면서 오늘날 기독교인들은 자신들도 하나님의 아들이라 말하고 있는 것입니다.

이와 같이 사도신경대로 하나님의 아들이 외아들이라면 하나님을 아버지라 부를 수 있는 분은 오직 예수님 한 분 밖에 없습니다. 그럼에도 불구하고 기독교인들은 예수를 믿는다는 이유 하나로 하나님을 아버지라고 망령되이 부르고 있는 것입니다. 때문에 오늘날 기독교인들은 자신들은 친자가 아니라 양자라 말하는 것입니다.

그런데 양자는 아버지의 씨를 받지 못한 자로 진짜 아들이 아니라 짝퉁과 같은 가짜 아들이라는 뜻입니다. 이렇게 하나님의 씨를 받지 못한 가짜 아들은 하나님을 아무리 아버지라 믿는다 해도 친자가 될 수 없는 것입니다.

2) 이는 성령으로 잉태하사 동정녀 마리아에게서
   나시고

오늘날 기독교인들은 예수님이 단순히 정결한 처녀인 마리아의 몸에 성령이 잉태되어 태어났다는 것만을 알고 또한 그렇게 믿고 있습니다. 그러나 마태복음 1장에 주의 천사가 나타나 "보라 처녀가 잉태하여 아들을 낳을 것이라"고 말씀하신 것은 예언이며 예수님에게 실제 성령이 잉태되어 하나님의 아들로 태어나신 시점은 요단강에서 세례 요한으로부터 세례를 받고 나신 후인 것입니다. 왜냐하면 예수님께서 나이 30세가 되어 요단강에서 세례를 받을 때 하늘 문이 열리고 하나님의 성령이 비둘기 같이 임할 때(이 때 성령이 잉태됨) 비로소 하나님께서 이는 내 기뻐하는 자요 사랑하는 아들이라 인정하셨기 때문입니다.

이렇게 예수님은 마리아의 배 속에 성령이 잉태하여 하나님의 아들로 태어난 것이 아니라 30세에 요단강에서 세례를 받고 성령이 예수님 안에 임하여(성령의 잉태) 하나님의 아들로 태어난 것입니다. 즉 예수님은 30세에 요단강에서 세례요한으로부터 세례를 받을 때 성령이 임하여 하나님의 아들로 태어나신 것이며 이때부터 예수님은 천국 복음을 전파하며 구원의 사역을 시작하게 된 것입니다.

성령으로 잉태하신 예수님께서 30세가 되기 전까지 구원의 사역을 전혀 하지 못하고 있었던 것은 예수님이 30세 이전에는 아직 성령이 잉태되지 않은 평범한 유대인이었다는 것을 말해주고 있는 것입니다. 예수님이 인간으로 태어나셨다는 것은 이사야 선지자를 통해서 이미 말씀하고 있습니다.

[이사야 7장 14~16절] 그러므로 주께서 친히 징조로 너희에게 주실 것이라 보라 처녀가 잉태하여 아들을 낳을 것이요 그 이름을 임마누엘이라 하리라 그가 악을 버리며 선을 택할줄 알 때에 미쳐 뻐터와 꿀을 먹을 것이라 대저 이 아이가 악을 버리며 선을 택할줄 알기 전에 너희 미워하는 두 왕의 땅이 폐한 바 되리라.

상기의 말씀은 처녀의 몸에 성령이 잉태하여 예수님이 태어난다는 것을 이사야 선지자를 통해서 예언하신 말씀입니다. 그런데 예수님이 어릴 때에 악을 버리고 선을 택할 때까지 뻐터와 꿀, 즉 생명의 말씀을 먹을 것이라 말씀하신 것은 예수님도 성령이 잉태되어 하나님의 아들로 거듭나기 전에는 우리와 같이 악이 있는 죄인이었다는 것을 말씀하고 있는 것입니다. 때문에 예수님은 30세에 요단강에서 세례를 받으신 후 성령이 임하여 하나님의 아들로 태어나신 것입니다. 이 말씀은 예수님도 세례요한으로부터 세례를 받고 하나님의 아들로 거듭나기 전까지는 우리와 같은 죄인이었다는 것을 증명해주는 것입니다.

이렇게 예수님은 성령으로 육신이 태어난 것이 아니라 예수님의 육신 안에 성령이 잉태된 것입니다. 때문에 예수님은 말씀이 육신이 되어 오셨다고 말씀하는 것인데 이 말은 예수님께서 성령, 즉 거룩한 생명의 말씀을 자신 안에 소유하고 오셨다는 뜻입니다. 왜냐하면 예수님께서 요한복음 3장을 통해서 육으로 난 것은 육이요 성령으로 난 것은 영이라 말씀하고 있기 때문입니다. 즉 예수님께서 육신은 육신으로 낳고 성령은 성령으로 낳는 것이지 성령으로 육신을 낳거나 육신으로 성령을 낳을 수 없다는 뜻으로 말씀하신 것입니다.

때문에 사도바울도 로마서 1장을 통해서 예수님의 육신은 다윗의 혈통, 즉 다윗의 씨를 받아 태어나셨고 성령은 하나님의 능력으로 부활되어 예수그리스도가 되셨다고 분명하게 말씀하고 있는 것입니다.

[로마서 1장 1~4절] 예수 그리스도의 종 바울은 사도로 부르심을 받아 하나님의 복음을 위하여 택정함을 입었으니 이 복음은 하나님이 선지자들로 말미암아 그의 아들에 관하여 성경에 미리 약속한 것이라 이 아들(예수)로 말하면 육신으로는 다윗의 혈통(씨)에서 나셨고 성결의 영(성령)으로는 죽은 가운데서 부활하여 능력으로 하나님의 아들로 인정되셨으니 곧 우리 주 예수 그리스도라.

　상기의 말씀은 예수님의 태어나심에 대하여 분명히 기록하고 있습니다. 예수님은 선지자들을 통해서 성경에 미리 약속하신대로 하나님의 아들로 태어나셨다 말씀하고 있는데 하나님의 아들이신 예수님의 육신은 다윗의 혈통, 즉 다윗의 씨를 받아 태어나셨다 분명히 말씀하고 있습니다. 그리고 성결의 영, 즉 성령은 하나님의 능력으로 죽은 자 가운데서 부활하여 하나님의 아들로 인정되었다 분명히 말씀하고 있습니다.
　이렇게 예수님은 성령으로 육신이 태어난 것이 아니라 다윗의 혈통, 즉 씨(원문에 씨로 기록되어 있음)를 받아 태어났으며 예수님의 영혼은 하나님의 능력으로 죽은 자들 가운데서 부활하여, 즉 하나님의 아들로 거듭나서 예수 그리스도가 되셨다고 분명히 말씀하고 있습니다. 이와 같이 성경은 예수님의 육신이 성령으로 태어 난 것이 아니라 예수님의 몸 안에 성령이 잉태되어 하나님의 아들로 태어났다는 것을 분명하게 말씀하고 있는 것입니다.

　그런데 오늘날 기독교인들은 사도신경의 말씀 때문에 예수님의 몸이 성령으로 잉태되어 태어나셨다고 믿고 있는 것입니다.

3) 본디오 빌라도에게 고난을 받으사 십자가에 못 박혀
   죽으시고

　　오늘날 기독교인들은 예수님을 누가 죽였는가? 그리
고 예수님을 무엇 때문에 죽였는가? 하는 질문에 분명하게
대답을 해야 합니다. 그런데 그보다 더 중요한 것은 성령으
로 잉태하신 하나님의 아들도 죽는단 말인가? 라는 질문에
올바른 답변을 해야 합니다. 왜냐하면 우리 인간들은 육신
의 씨를 받고 태어나 죽을 수밖에 없는 존재이지만 예수님
은 육신의 씨를 받지 않고 성령이 잉태하여 태어나 죽을 수
도 없고 죽어서도 안 되는 영원한 생명이기 때문입니다. 그
런데 사도신경은 예수님께서 십자가에 매달려 죽으셨고 장
사한지 사흘 만에 죽은 몸이 다시 살아나셨다고 말하고 있
는 것입니다.

　　우리는 죄인의 몸이기 때문에 죽을 수밖에 없고 죽으면
죽은 몸이 다시 부활을 해야 영원히 살 수 있는 것입니다.
그럼에도 불구하고 예수님도 죄인의 몸과 같이 죽으셨고
죽었기 때문에 무덤에 장사되고 장사한지 사흘 만에 다시
살아나셨다고 말하고 있는 것입니다. 그러면 예수님이 우
리 인간들과 무엇이 다르단 말인가? 이러한 사실을 알면서

도 예수님은 우리와 전혀 다른 하나님의 아들이라 말할 수 있는가? 그러므로 오늘날 기독교인들은 예수님의 이러한 근본문제를 먼저 알고 해결해야 한다고 생각합니다.

예수님은 성령으로 잉태하신 하나님의 아들로 죄 가운데 죽어가는 영혼들을 구원하기 위해서 이 세상에 오신 구원자이십니다. 그런데 이렇게 전지전능하신 하나님의 아들을 누가 감히 죽였단 말인가? 오늘날 기독교인들은 예수님을 누가 죽였는가? 하는 질문에 조금도 주저하지 않고 본디오 빌라도라고 말합니다. 왜냐하면 사도신경이나 목사님들이 본디오 빌라도가 예수님을 죽였다고 말하기 때문입니다. 그런데 성경에 기록된 말씀을 보면 예수님을 죽인 자는 빌라도가 아니라 하나님의 백성인 유대인들이라 말하고 있는 것입니다.

그러면 오늘날 기독교인들은 정확무오한 하나님의 말씀보다 사도신경이나 목사님의 말씀을 더 믿는다는 말인가? 이렇게 성경에 기록된 하나님의 말씀을 믿지 않거나 부인하는 것은 곧 하나님을 믿지 않고 부인하는 행위입니다. 그러면서도 오늘날 기독교인들이 나는 하나님을 유일신으로 믿는 하나님의 백성이요 하나님의 자녀라 말할 수 있단 말인가? 좌우간 예수님은 하나님의 백성들을 구원하기 위해서 이 세상에 오셔서 구원의 사역을 불과 삼년 반 밖에 못하시고 삼십 사세의 젊은 나이로 십자가에 매달려 비운(悲運)에 돌아가신 것입니다.

이렇게 예수님은 불의(不意)의 사고나 지병(持病)이나 혹은 자살하여 돌아가신 것이 아니라 어떤 존재들에 의해서 죽게 된 것입니다. 그러므로 예수님을 구주로 믿는 기독교인들이라면 예수님을 누가 죽였으며 무엇 때문에 죽였는가를 올바로 알아야 한다고 생각합니다. 오늘날 기독교인들은 단순히 예수님을 십자가에 못 박아 죽인 자는 본디오 빌라도라 믿고 있습니다.

왜냐하면 사도신경을 통해서 예수님은 본디오 빌라도에게 고난을 받으시다가 십자가에 못 박혀 죽으셨다고 신앙고백을 하고 있기 때문입니다. 그런데 성경을 보면 예수님을 죽이려고 괴롭히다가 십자가에 못 박아 죽게 한 자들은 본디오 빌라도가 아니라 유대의 제사장과 유대인들이라 말씀하고 있는 것입니다.

왜냐하면 마태복음 27장에 빌라도는 예수님이 죄가 없으신 것을 알고 예수님을 살리려고 무던히 애를 쓰고 있으며 유대 제사장과 유대인들은 어떻게 해서든지 책을 잡아 예수님을 죽이려고 혈안이 되어 있는 것을 볼 수 있기 때문

입니다. 그런데 무고한 빌라도가 사도신경 때문에 이천 년
이 지난 지금까지 죄의 누명(陋名)을 쓰고 모함을 받고 있
는 것입니다. 예수님을 죽인 상황과 배경(背景)을 그 누구
보다도 잘 알고 있는 사람들은 당시에 예수님과 함께 있었
던 사도들입니다.

　　그런데 사도들이 예수님을 살리려고 도와준 빌라도가
예수님을 죽였다고 사도신경을 기록하였거나 신앙고백을
하였다는 것은 어불성설(語不成說)입니다. 이렇게 거짓된
사도신경은 빌라도는 물론 사도들까지 죄인을 만들고 있으
며 오늘날 기독교인들도 위증(僞證)을 하게 하여 죄인을 만
들고 있는 것입니다.

　　그러므로 오늘날 기독교인들은 성경을 통해서 예수님
을 십자가에 못 박아 죽인 진범(眞犯)을 분명히 알아야 하
는 것입니다. 이제 성경을 통해서 예수님을 십자가에 못 박
아 죽인 자들을 확인해 보기로 하겠습니다.

[마태복음 26장 59~68절] 대제사장들과 온 공회가 예수를
죽이려고 그를 칠 거짓증거를 찾으매 거짓증인이 많이 왔으나
얻지 못하더니 후에 두 사람이 와서 가로되 이 사람의 말이 내
가 하나님의 성전을 헐고 사흘에 지을 수 있다 하더라 하니 대

제사장이 일어서서 예수께 묻되 아무 대답도 없느냐 이 사람들의 너를 치는 증거가 어떠하뇨 하되 예수께서 잠잠하시거늘 대제사장이 가로되 내가 너로 살아 계신 하나님께 맹세하게 하노니 네가 하나님의 아들 그리스도인지 우리에게 말하라 예수께서 가라사대 네가 말하였느니라 그러나 내가 너희에게 이르노니 이 후에 인자가 권능의 우편에 앉은 것과 하늘 구름을 타고 오는 것을 너희가 보리라 하시니 이에 대제사장이 자기 옷을 찢으며 가로되 저가 참람한 말을 하였으니 어찌 더 증인을 요구하리요 보라 너희가 지금 이 참람한 말을 들었도다 (너희)생각이 어떠하뇨 대답하여 가로되 저는 사형에 해당하니라 하고 이에 예수의 얼굴에 침 뱉으며 주먹으로 치고 혹은 손바닥으로 때리며 가로되 그리스도야 우리에게 선지자 노릇을 하라 너를 친 자가 누구냐 하더라.

상기의 말씀을 보면 예수님을 죽이려고 온갖 증거를 찾고 있는 자들은 빌라도가 아니라 대제사장과 공회(公會)라는 것을 알 수 있습니다. 그런데 대제사장들이 예수를 죽이려는 가장 큰 이유는 다른 것이 아니라 예수가 하나님의 아들이라는 것과 하나님의 성전을 헐고 사흘 만에 짓겠다는 말씀 때문입니다. 그러면 예수님은 이 세상에 무슨 일을 하시기 위해서 오셨단 말인가? 예수님은 목수의 아들로 이 세상에 하나님의 성전을 건축하러 오신 분이 아닌가? 예수님은 하나님(성령)이 안에 거하시는 하나님의 교회이며 거룩한 성전이십니다.

이렇게 예수님은 교회이며 성전의 실체로서 예수님만이 하나님의 성전을 건축할 수 있는 건축자이며 목수인 것입니다. 때문에 예수님만이 하나님(성령)이 거하시는 하나님의 성전, 즉 하나님의 말씀을 가지고 하나님의 백성들안에 하나님이 원하시는 성전을 건축할 수 있는 분이십니다. 그래서 예수님을 성전 건축할 때 기준이 되는 모퉁이 돌이라고 말씀하신 것인데 모퉁이 돌은 산 돌로 곧 생명의 말씀을 비유하여 말씀하신 것입니다. 이렇게 모퉁이 돌이며 건축자이신 예수님은 삼년 반 동안 말씀으로 예수님의 제자들 안에 하나님의 성전을 건축하시고 제자들 안에 들어가 거하시게 된 것이며 제자들은 이로 인해 하나님의 아들로 거듭나 사도들이 된 것입니다.

그리고 예수님께서 옛 성전을 헐면 삼일 만에 새 성전을 짓겠다는 삼일은 날을 말하는 것이 아니라 하나님의 성전으로 완성되는 기간과 과정, 즉 하루는 애굽, 이틀은 광야, 삼일은 가나안으로 들어가 하나님의 아들로 거듭나는 것을 비유로 말씀하신 것입니다. 그리고 예수님께서 무덤에 장사한지 사흘 동안은 밤 사흘 낮 사흘을 말하는데 밤 사흘은 옛 성전을 헐어버리는 기간이며 낮 사흘은 새 성전을 건축하는 기간을 말하고 있는 것입니다. 이렇게 밤 삼일은 옛 사람이 죽는 기간을 말하며 낮 삼일은 새사람으로 거듭나는(부활)기간을 비사로 말씀하고 있는 것입니다.

　이와 같이 삼일은 아브라함이 하나님께 이삭을 제물로 드리기 위해서 모리아 땅으로 걸어간 삼일 길이며 육적 존재가 죽고 영적 존재로 다시 부활되는 기간을 말하고 있습니다. 이렇게 예수님께서 성전을 짓겠다는 삼일은 그동안 제자들안에 비 진리로 건축된 옛 성전을 허시고 예수님의 입에서 나오는 생명의 말씀으로 새 성전을 건축하신다는 것을 비사로 말씀하신 것입니다.

　예수님은 제자들 안에 성전을 건축하신 후 제자들 안에 들어가 부활(復活)하심으로 말미암아 제자들은 하나님의 아들로 거듭나게 된 것입니다. 이렇게 예수님이 장사 된 무덤은 시신을 장사한 묘지나 무덤이 아니리 죽어있는 제자들의 몸을 말하며 예수님이 죽은 자들 가운데서 사흘 만에 부활하셨다는 것은 곧 예수님이 제자들 안에서 살아나 제자들이 하나님의 아들로 거듭났다는 것을 비사로 말씀하고 있는 것입니다. 이렇게 예수님이 제자들 안에서 부활하심으로 말미암아 예수님의 제자들은 하나님의 아들로 거듭나 사도들이 된 것입니다. 예수님의 이러한 말씀과 사건들은 유대인들은 물론 예수님의 제자들도 이해하지 못한 것입니다. 예수님의 제자들도 자신들 안에 하나님의 성전이 건축되어 하나님의 아들로 거듭났을 때 비로소 예수님께서 삼일 만에 성전을 건축하신다는 말씀을 깨닫게 된 것입니다.

그런데 유대인들이 예수님을 죽이려고 하는 것은 성전을 사흘 만에 짓는다는 말보다 자신이 하나님의 아들이라는 것 때문입니다. 문제는 유대인들 뿐만 아니라 오늘날 기독교인들도 지금 예수님이 오셔서 내가 하나님의 아들이라고 하면 무조건 이단(異端)으로 취급하며 죽이려 한다는 것입니다. 그러면서도 자신들도 하나님의 아들이라 큰소리치는 것입니다.

그런데 무슨 이유로 하나님의 아들이라는 자들이 하나님께서 구원자로 보내주신 하나님의 아들을 배척(排斥)하고 죽이려 하는 것인가? 그 이유는 자신들이 스스로 하나님의 아들이라 말할 뿐 실제는 하나님의 아들이 아니기 때문이며 또한 진짜 하나님의 아들이 오면 자신들이 가짜(짝퉁) 아들이라는 것이 백일하에 드러나기 때문입니다.

그러므로 유대인들은 물론 오늘날 기독교인들도 하나님의 아들(예수)을 부인하며 죽일 수밖에 없는 것입니다. 그보다 예수님은 유대인들을 향해 "너희는 너희 아비 마귀에서 났다"고 말하면서 "너희는 하나님의 아들이 아니라 뱀의 후손이며 독사의 자식이라" 말씀하시기 때문입니다.

[요한복음 8장 44~45절] 너희는 너희 아비 마귀에게서 났으니 너희 아비의 욕심을 너희도 행하고자 하느니라 저는 처음부터 살인한 자요 진리가 그 속에 없으므로 진리에 서지 못하고 거짓을 말할 때마다 제 것으로 말하나니 이는 저가 거짓말쟁이요 거짓의 아비가 되었음이니라 내가 진리를 말하므로 너희가 나를 믿지 아니하는도다.

상기의 말씀과 같이 예수님은 유대인들에게 "너희는 너희 아비 마귀에서 났기 때문에 너희 아비의 욕심을 너희도 행하고 있다"는 것입니다. 또한 예수님께서 "저희가 처음부터 살인한 자라"고 말씀하시는 것은 에덴동산의 간교한 뱀과 같이 저희도 하나님의 말씀을 가감하여 영혼을 죽이고 있기 때문이라는 뜻입니다.

왜냐하면 에덴동산에 간교한 뱀이 선악과를 먹으면 하

나님과 같이 된다고 미혹하는 것과 같이 오늘날 목회자들도 예수를 믿기만 하면 하나님의 아들이 된다고 미혹하여 영혼을 죽이고 있기 때문입니다. 이렇게 오늘날 삯꾼목자들은 예수를 믿기만 하면 구원을 받아 아들이 된다고 하는 반면에 예수님께서는 구원을 받아 하나님의 아들이 되려면 첫째 나를 믿고 둘째 내 음성을 듣고 셋째 내가 주는 생명의 떡(생명의 말씀)을 먹고 넷째 내 아버지의 뜻대로 행하고 다섯째 천국을 침노하듯이 침노해야 하나님의 아들로 거듭난다고 말씀하고 있습니다.

또한 오늘날 삯꾼목자들은 예수님께서 지고가신 십자가를 믿기만 하면 구원을 받는다고 말하는데 예수님은 구원을 받아 하나님의 아들이 되려면 첫째 너를 부인하고 둘째 내가 지고 간 십자가를 너도 지고 나를 따라 와야 한다고 말씀하고 있습니다.

문제는 하나님의 아들로 거듭나려면 반드시 오늘날 살아계신 실존 예수가 계셔야 한다는 것입니다. 왜냐하면 하나님의 아들로 거듭나게 하는 것은 산 자, 즉 오늘날 살아계신 예수님이며 죽은 자, 즉 예수를 믿음으로 하나님의 아들이 되었다는 목회자들은 총회장이나 신학박사라 해도 거듭나게 할 수 없기 때문입니다. 그럼에도 불구하고 오늘날 목회자들은 자신들도 아직 하나님의 아들로 거듭나지 못한 상태에서 교인들에게 예수를 믿기만 하면 모두 하나님의 아들이 되었다고 속이고 있는 것입니다.

이렇게 유대제사장이나 오늘날 목회자들도 짝퉁 상품을 만들어 내듯이 거짓말로 구원을 시켜 하나님의 아들을 만들고 있는 것입니다. 때문에 예수님께서 "너희가 말을 할 때 마다 자기의 것으로 거짓을 말하기 때문에 너희는 거짓말장이요 거짓의 아비가 되었다"는 것인데 이는 "너희 속에 진리, 즉 생명의 말씀이 없기 때문이라"는 것입니다. 그러므로 "내가 너희에게 진리를 말해도 너희는 내 말을 믿지도 않고 듣지도 않는다"고 말씀하시는 것입니다.

[마태복음 23장 33∼34절] 뱀들아 독사의 새끼들아 너희가 어떻게 지옥의 판결을 피하겠느냐 그러므로 내가 너희에게 선지자들과 지혜 있는 자들과 서기관들을 보내매 너희가 그 중에서 더러는 죽이고 십자가에 못 박고 그 중에 더러는 너희 회당에서 채찍질하고 이 동네에서 저 동네로 구박하리라.

예수님께서 유대인들을 향해 "뱀들아 독사의 자식이라"고 하는 것은 너희는 마귀로부터 났기 때문에 마귀의 자식이라고 말씀하시는 것입니다. 그러므로 "내가 너희에게 선지자들과 지혜 있는 자들과 서기관들을 보내매 너희가 그 중에 더러는 죽이고 십자가에 못 박고 그 중에 더러는 너희 회당에서 채찍질 하고 이 동네에서 저 동네로 구박하리라"는 것입니다.

예수님은 "너희가 이런 짓을 하면서 어떻게 지옥의 판결을 피하겠느냐"고 한탄 하시는 것입니다. 이렇게 격한 말씀을 하시는 예수님을 유대인들이나 오늘날 기독교인들이 어떻게 살려 둘 수가 있단 말인가? 예수님은 유대인들에게 저주하듯이 이렇게 격한 말씀을 하시기 때문에 유대의 대제사장과 유대인들은 오히려 예수님에게 귀신들렸다고 하면서 예수님의 얼굴에 침을 뱉고 주먹으로 치고 있는 것입니다. 그러면 유대 대제사장들과 공회는 과연 오늘날 어느 누구를 가리키는 것인가? 대제사장들은 오늘날 총회장에 해당하는 목회자들이며 공회(公會)는 바로 교회들이 아닌가?

결국 하나님의 아들이라 말하는 예수를 핍박하고 죽이는 자들은 빌라도나 불신자들이 아니라 바로 하나님을 유일신으로 믿고 섬기고 있는 교회와 하나님의 백성들이라는 말입니다. 이렇게 성경은 분명히 예수를 죽인 장본인은 대제사장들과 공회라고 말씀하고 있는데 오늘날 목회자들은 사도신경 때문에 빌라도가 예수를 죽였다고 주장을 하며 교인들에게 위증(僞證)까지 시키고 있는 것입니다.

그런데 대제사장이 옷을 찢으며 예수를 죽이라고 한 것은 예수님께서 "이 후에 인자가 권능의 우편에 앉은 것과 하늘 구름을 타고 오는 것을 너희가 보리라"고 하신 말씀 때문입니다. 권능의 우편은 하나님의 우편을 말하는데 예수님과 사도들은 물론 실제로 하나님의 아들로 거듭난 자들은 모두 하나님 우편에 앉게 됩니다. 그러나 예수님을 믿지 않고 배척하는 자들이나 삯군목자를 따라 예수를 믿기만 하여 아들이 되어있는 자들은 절대로 하나님 우편에 앉지 못합니다.

그리고 예수님이 '구름을 타고 오신다'는 뜻은 하늘에 떠있는 구름을 타고 오신다는 것이 아니라 초림 예수님과 같이 '생명의 말씀과 함께 오신다'는 뜻입니다. 그런데 유대인들은 물론 대제사장이라는 자도 예수님이 말씀하시는 영적인 의미를 모르기 때문에 너무 참람한 말을 한다고 옷을 찢으며 예수님을 죽이라고 한 것입니다.

오늘날 목회자들은 예수님의 이러한 영적인 말씀들을 얼마나 이해하며 누가 믿고 받아들일 수 있을까?

[마태복음 27장 22~26절] 빌라도가 가로되 그러면 그리스도라 하는 예수를 내가 어떻게 하랴 저희가 다 가로되 십자가에 못 박혀야 하겠나이다 빌라도가 가로되 어찜이뇨 무슨 악한 일을 하였느냐 저희가 더욱 소리질러 가로되 십자가에 못 박혀야 하겠나이다 하는지라 빌라도가 아무 효험도 없이 도리어 민란이 나려는 것을 보고 물을 가져다가 무리 앞에서 손을 씻으며 가로되 이 사람의 피에 대하여 나는 무죄하니 너희가 당하라 백성이 다 대답하여 가로되 그 피를 우리와 우리 자손에게 돌릴찌어다 하거늘 이에 바라바는 저희에게 놓아주고 예수는 채찍질하고 십자가에 못 박히게 넘겨 주니라.

상기의 말씀에서 빌라도는 말하기를 예수님은 죄가 없으니 죄 없는 예수님을 너희가 죽인다면 그 죄 값은 너희가 책임지고 받아야 한다고 말하고 있습니다. 빌라도의 말에 대제사장과 유대인들은 예수님을 죽이는 죄 값은 우리와 우리의 후손들이 받겠다고 호언장담(豪言壯談)하며 예수를 십자가에 못 박으라고 외치고 있습니다.

유대인들이 말씀이 육신 되어 오신 예수님을 십자가에 못 박는 것은 곧 말씀을 못 박는 행위이며 말씀을 못 박는다는 것은 곧 하나님을 못 박는다는 것입니다.

왜냐하면 말씀이 곧 하나님이시기 때문입니다. 이 죄 값 때문에 유대민족들이 이천년 동안 고통을 받으며 히틀러를 통해서 수많은 유대인들이 잔혹하게 학살을 당한 것입니다. 그런데 유대인들이 받는 이러한 고난과 죽음은 끊임없이 계속되고 있는데 지금도 팔레스타인들과의 영토 싸움과 자살폭탄 테러로 인하여 수많은 유대인들이 죽어가고 있는 것을 볼 수 있습니다.

이 모든 유대인들의 고난은 바로 예수님을 죽일 때 그 죄 값을 우리와 우리의 후손들이 받겠다고 공언한 죄 값 때문입니다. 이렇게 성경은 예수님을 죽인 것은 빌라도가 아니라 하나님의 백성인 유대인들이라고 분명하게 말씀하고 있는데도 불구하고 오늘날 기독교인들은 빌라도가 예수를 죽였다고 신앙고백을 하고 있는 것입니다.

세상의 법으로도 죄 없는 무고한 사람을 죄인으로 몰아 허위로 위증(僞證)을 하면 중죄(重罪)로 다스립니다. 그런데 하나님의 백성들이 빌라도에 대하여 확실하게 알지도 못하면서 빌라도가 예수를 죽였다고 날마다 위증(僞證)을 한다면 하나님은 이런 자들을 어떻게 하시겠는가? 하나님은 이렇게 위증(僞證)을 하는 자들에게 반드시 그 죄 값을 물으실 것입니다. 그러면 누가복음에는 예수님과 빌라도의 사건이 어떻게 기록되어 있을까?

[누가복음 23장 13~25절] 빌라도가 대제사장들과 관원들과 백성을 불러 모으고 이르되 너희가 이 사람을 백성을 미혹하는 자라 하여 내게 끌어 왔도다 보라 내가 너희 앞에서 사실하였으되 너희의 고소하는 일에 대하여 이 사람에게서 죄를 찾지 못하였고 헤롯이 또한 그렇게 하여 저를 우리에게 도로 보내었도다 보라 저의 행한 것은 죽일 일이 없느니라 그러므로 때려서 놓겠노라 무리가 일제히 소리질러 가로되 이 사람을 없이하고 바라바를 우리에게 놓아 주소서 하니 이 바라바는 성중에서 일어난 민란과 살인을 인하여 옥에 갇힌 자러라 빌라도는 예수를 놓고자 하여 다시 저희에게 말하되 저희는 소리질러 가로되 저를 십자가에 못 박게 하소서 십자가에 못 박게 하소서 하는지라 빌라도가 세 번째 말하되 이 사람이 무슨 악한 일을 하였느냐 나는 그 죽일 죄를 찾지 못하였나니 때려서 놓으리라 한대, 저희가 큰 소리로 재촉하여 십자가에 못 박기를 구하니 저희의 소리가 이긴지라 이에 빌라도가 저희의 구하는대로 하기를 언도하고 저희의 구하는 자 곧 민란과 살인을 인하여 옥에 갇힌 자를 놓고 예수를 넘겨주어 저희 뜻대로 하게 하니라.

상기의 말씀은 본디오 빌라도가 예수님을 죽이라고 고소하는 유대인들의 대제사장들과 관원들에게 말하기를 내가 예수를 너희 앞에서 모든 진상을 조사하여 보았으나 죽일 죄를 찾지 못하였고 헤롯왕도 예수는 죄가 없다는 것을 알고 내게 다시 돌려보냈다고 말하고 있습니다. 그러므로 빌라도가 예수는 놓아주고 바라바를 십자가에 못 박겠다고 말하니 유대인들은 살인자 바라바는 놓아주고 예수를 죽이라고 아우성을 치고 있습니다.

　그러나 빌라도는 그의 양심상 죄 없는 예수를 죽일 수가 없어 세 번씩이나 유대인들에게 바라바를 죽이고 예수는 살리자고 거듭 제의를 하였으나 유대인들의 거센 반발에 빌라도는 할 수 없이 바라바를 놓아주고 예수는 유대인들의 손에 넘겨주어 십자가에 못 박혀 죽게 된 것입니다.

　이렇게 예수님을 죽인 것은 빌라도가 아니라 하나님의 백성인 유대인들이었으며 그것도 대제사장들이 예수를 죽이는데 앞장을 서서 선동(煽動)을 한 것입니다. 유대인들은 누구를 말하는가? 이웃을 네 몸과 같이 사랑하라는 하나님의 계명을 지키고 있는 하나님의 백성들이 아닌가? 이런 자들이 어떻게 강도 편에 서서 살인한 강도(强盜)는 살려주고 하나님의 아들을 죽인다는 말인가? 그것도 모자라서 지금까지 사도신경을 통하여 빌라도가 예수를 죽였다고 교인들에게 위증까지 시키고 있으니 그 죄 값을 어떻게 다 받으려 하는가? 하나님은 진실이며 공의의 하나님이시기 때문에 진실은 진실로 드러나게 하시며 거짓은 반드시 거짓으로 드러나게 하십니다.

왜냐하면 얼마 전에 예수님 당시의 상황과 예수님에게 일어났던 일들을 본디오 빌라도가 상세히 기록하여 로마 황제인 가이사에게 보고(報告)한 공문서(公文書)가 발견되었기 때문입니다. 빌라도의 보고서를 보면 예수님 당시 예수님의 행적과 사역, 유대인들의 신앙, 예수님에 대한 빌라도의 견해와 처사 그리고 예수님이 유대인들에게 고소당해 십자가에서 죽기까지의 상황들이 복음서에 기록된 내용과 일치함은 물론 놀라울 정도로 자세히 기록되어 있습니다. 그러므로 오늘날 기독교인들이 이글을 본다면 당시의 사건 현장에서 직접 목격하는 듯한 생동감(生動感)으로 다가 올 것입니다. 그리고 이 빌라도의 보고서를 통해서 예수님을 죽인 진범(眞犯)을 확실하고도 분명하게 알게 될 것입니다.

빌라도의 보고서(報告書)는「메시아」시대에 법정에서 만들어진 공문서로서, 현재「터어키」의 성「소피아」사원(寺

院)에 소장되어 있습니다. 50권으로 되어있는 이 원고는 서기관(書記官)의 손으로 씌어졌는데, 각권이 2x4피트로 되어 있는 것의 전문(全文)을 옮긴 것입니다.

로마의 사가(史家)「발레루스 파테르쿠러스」의 주(註)에 의한 원 제목은「예수의 체포와 심문 및 처형에 관하여 로마 황제 디베료 가이사에게 보낸 빌라도의 보고서」로 되어 있습니다.

본 보고서의 내용은「도날드 N.리드만」박사가 소정의 요금을 지불한 후 특별 허가를 얻어 읽고, 영어로 번역하여「예루살렘」에서 간행(刊行) 되고 있는 월간{더 마운트 자이언 리포터(The Mount Zion Reporter「시온산 보고서」; June 1974)}에 게재한 것을 우리말로 옮긴 것입니다

빌라도의 보고서(報告書)

「로마」의 황제, 「디베료 가이사」 각하에게

작성자 : 본디오 빌라도

　각하께 문안드립니다. 제가 다스리는 지역에서 최근 수
년 동안에 일어난 사건은 너무나 독특한 일이어서 시간이
흐름에 따라 우리나라의 운명까지 변하게 할지도 모르는
일이기 때문에, 저는 사건이 일어난 대로 각하께 소상히 알
려 드리고자 합니다. 왜냐하면 최근에 발생한 사건은 모든
다른 신(神)들과는 조화될 수 없는 일처럼 보이기 때문입니
다. 저는 「발레리우스 플라슈스」를 계승하여 유대 총독이
된 날을 저주하고 싶을 정도입니다. 부임한 이래로 제 생활
은 불안과 근심의 연속이었습니다.
　「예루살렘」에 도착하자마자 저는 직위를 인수하고 큰
연회(宴會)를 베풀 것을 명하고 「갈릴리」의 영주(領主)들과
대제사장, 그리고 그의 부하직원들을 초청하였습니다. 그
런데 정해진 시간이 되어도 아무도 나타나지 않았습니다.
저는 이 사실을 저와 제가 속하고 있는 정부 전체에 대한

일종의 모욕으로 간주하였습니다. 며칠 후 대제사장이 저를 방문하였습니다. 그의 거동(擧動)은 엄숙(嚴肅)하였으나 외식(外飾)에 가득찬 것이었습니다. 그는 그들의 종교가, 그와 그의 추종자들에게 「로마」사람들과 자리를 같이하는 것이라든지 먹는 것이라든지 마시는 것을 금지한다고 변명하였습니다. 그러나 그러한 변명은 신앙심이 깊은 체하는 것에 불과하다는 것을 그의 안색으로도 알 수 있었습니다.

나는 그의 변명을 받아들이는 것이 정략(政略)이라고 생각했습니다만, 그 순간부터 피 정복자는 정복자를 적(敵)으로 간주하고 있다는 사실을 확신하게 되었으며, 「로마」인들에게 이 나라의 제사장들을 요주의(要注意)할 것을 경고해 주어야겠다고 생각했던 것입니다. 그들은 자신의 벼슬과 호사스러운 생활을 위해서는 그들의 어머니라도 배신할 자들입니다. 제가 통치하는 모든 도시 가운데 「예루살렘」은 가장 다스리기 힘든 도시라고 여겨집니다.

백성들은 매우 거칠어서, 저 자신 순간순간마다 폭동(暴動)의 두려움 속에서 살아왔습니다. 저는 폭동을 진압할 만한 군대를 거느리고 있지 않습니다. 단지 저의 지휘 하에 한 명의 백부장(百夫長)과 그가 거느린 군대가 있을 뿐입니다. 그리하여 저는, 자기의 통치지역을 방어할 만한 충분한 군대를 거느리고 있다고 알려 온 「시리아」의 사령관(司令官)에게 증원군을 요청하였습니다. 우리들이 이미 획득한 영토를 방어하는 일을 등한히 한다면, 우리 제국의 확장을 꾀하는 지나친 욕심은 결국 우리 정부 전체의 붕괴(崩壞)를 초래케 하는 원인이 되지 않을까 하는 두려운 생각이 듭니다.

　저는 가능한 한, 대중들을 가까이하지 않았습니다. 그것은 그들 제사장들이 폭도들에게 어떠한 영향력을 행사할지도 모르기 때문이었습니다. 그러나 저는 될 수 있는데로 백성들의 마음과 입장을 탐지하려고 노력하였던 것입니다. 제 귀에 들려온 여러 가지 소문들 중에 특별히 제 주의를 집중시킨 사건이 한 가지 있었습니다. 그것은 한 젊은 청년이 「갈릴리」 지방에 나타나, 그를 보내신 하나님의 이름으로 새로운 법을 고귀한 열정으로 가르치고 있다는 것이었습니다. 처음에는 그의 목적하는 바가 민중을 선동하여 「로마」 제국에 대항하고자 하는 것이 아닌가 하고 생각해 보았습니다만 제 근심은 곧 걷히게 되었습니다.

　「나사렛」예수는 유대인보다는 오히려 「로마」인에게 더 친근하게 말을 하였습니다. 어느날 저는 큰 군중이 모여 있는 「실로」라는 곳을 지나다가, 군중에 둘러싸인 젊은이가

나무에 기대어 선 채로 군중을 향하여 조용하게 연설하고 있는 것을 목격하게 되었습니다. 그가 예수라고 누군가가 일러주었습니다. 그는 그의 연설을 듣고 있는 군중과 현저한 차이를 보여 주고 있어서 저는 그를 쉽게 알아볼 수 있었습니다. 그는 30세 가량으로 보였습니다.

저는 지금까지 그렇게도 마음을 잡아끄는 평온한 얼굴을 본 일이 결코 없었습니다. 예수와, 그의 말을 경청하고 있는 저 검은 턱수염과 황갈색의 안색을 가진 무리들과를 어떻게 대조할 수 있겠습니까? 제가 온 것이 예수에게 방해가 되게 하지 않으려고 저는 계속 걸었으나 제 부관(副官)에게는 군중 속에 들어가 그가 무슨 말을 하는지 들어보라고 지시하였습니다. 제 부관의 이름은 「만류스」로서 그는 「카타린」을 잡으려고 「에투루리아」에 주둔한 적이 있는 공작대장의 손자입니다. 「만류스」는 「유대」지방에 오랫동안 거주한 고로 「히브리」말을 잘 알고 있었습니다. 그는 저에게 충성하여 저의 신임을 받고 있었습니다.

총독청에 들어서자 저는 먼저 와있는 「만류스」를 발견하였으며 그는 「실로」에서 예수가 한 말을 저에게 들려주었습니다. 제가 읽어본 어떤 철학자의 작품에서도 예수의 말에 비교될 만한 것은 읽어본 적이 없는 것 같았습니다.

「예루살렘」에서 흔히 볼 수 있는 반항적인 유대인 중 한 사람이 「가이사」에게 세(稅)를 바치는 것이 옳은 것인가고 그에게 물었을 때, 그는 대답하기를 '「가이사」의 것은 「가이사」에게, 하나님의 것은 하나님에게 바치라'고 하였다는 것입니다.

제가 그렇게 많은 자유를 그 「나사렛」젊은이에게 허용한 것은 이와 같은 그의 지혜로운 말 때문이었습니다. 저에게는 그를 체포하여 「본디오」로 추방시킬 수 있는 권한이 있었습니다. 그러나 만일 그렇게 하였다면 그것은 「로마」정부가 사람을 다루어 왔던 지금까지의 관례와는 상반되는 일이 되었을 것입니다. 이 젊은이는 선동적이거나 반항적인 사람은 아니었습니다. 저는 예수 자신도 눈치채지 못할 정도로 은밀하게 보호의 손길을 그에게 뻗쳐 주었습니다.

그는 자유롭게 행동하였고 말하였으며, 사람들을 모아서 연설하거나 또 제자를 선택하는 일에 있어서 어떠한 관청의 제재(制裁)도 받지 않았던 것입니다. 제가 생각하기로는 우리 조상의 종교는 예수의 종교로 대치될 것이며, 이 숭고한 관용의 종교는 「로마」제국을 허망하게 붕괴시킬 것입니다. 그리고 가련한 저는 유대인의 말을 빌자면 하나님의 섭리요, 우리의 말대로 하자면 운명의 도구로 쓰여 진

것일 것입니다. 예수에게 허용된 무제한의 자유는 가난한 사람들이 아니라 부유하고 권세 있는 유대인들을 자극하였습니다.

예수가 후자들에게 가혹하게 대한 것은 사실이지만 제가 그 「나사렛」젊은이의 자유를 제한하지 않은 것은 정략적인 이유에서였습니다. "서기관과 바리새인들이여" 그는 그들을 향하여 말하였습니다. "독사의 자식들아, 너희들은 회칠한 무덤 같으니 겉으로는 아름답게 보이나 그 안에는 죽음이 가득하다" 또 한 번은 부자가 많은 헌금을 내고 뽐내는 것을 보고 한탄하며, 가난한 자의 한 푼이 하나님의 목전(目前)에서는 더욱 빛나는 것이라고 그들에게 말하였습니다.

예수의 오만한 언동(言動)에 대한 항의가 날마다 총독청에 줄을 이어 들어왔습니다. 저는 예수에게 어떤 불행한 일이 닥치게 될지도 모른다는 정보를 입수하였습니다. 「예루살렘」에서는, 선지자로 불리우는 자들에게 돌을 던지는 일이 처음 있는 일은 아니었으며, 예수에 대한 진정서가 「가이사」에게 제출(提出)되기도 하였습니다. 그러나 제가 한 처사(處事)는 원로(元老)인에게 재가를 받은 것이었으며, 「파르티안」전쟁이 끝나면 저에게 증원군을 보내주기로 약속되어 있었던 것입니다. 폭동을 진압하기에는 우리의 군사력이 너무도 허약한 고로, 저는 힘없이 물러섬으로써 총독청의 체면을 손상시키는 것보다는 차라리 조용히 성(城)의 평온을 되찾는 방안을 강구하기로 하였습니다.

저는 예수에게 글을 써 보내어 총독청에서 한번 만날 것을 청하였습니다. 예수가 왔습니다. 황제께서는 제가 「로마」인의 피에 서반아(西班牙)의 피가 섞여 흐르는 혈통을 지닌 사람으로서, 두려움 따위의 유약한 감정은 모르는 사람임을 잘 아실 것입니다. 그 「나사렛」사람이 모습을 나타냈을 때 저는 저의 접견실에서 거닐고 있었습니다. 그런데 갑자기 제 다리는 쇳덩이로 된 손으로 대리석 바닥에 붙여 놓은 것처럼 꼼짝할 수가 없었으며, 그 나사렛 젊은이는 아무렇지도 않게 조용히 서 있는데도 저는 마치 형사범(刑事犯)처럼 사지(四肢)를 떨고 있었던 것입니다.

비록 그는 한 마디의 말도 하지 않았으나 제 앞에까지 다가와 서는 것만으로도 "내가 여기 왔나이다"라고 말하는 것 같았습니다. 한참 동안 저는 이 비범한 사람을 존경과 두려움으로 응시하였습니다. 그는 모든 신(神)들과 영웅의 형상을 그린 수많은 화가들이 아직 그려내지 못한 유형(類型)의 사람이었습니다. 그럼에도 불구하고 저는 너무나 두

렵고 떨려서 그에게 접근할 수가 없었습니다. "예수여" 하
고 드디어 저는 말문을 열었습니다.

「나사렛」예수여, 지난 3년 동안 나는 그대에게 연설할
수 있는 자유를 허락하였소. 그러나 이 일에 대하여 나는
조금도 후회가 없소. 그대의 말은 현인(賢人)의 말이오. 나
는 그대가 「소크라테스」나 「플라톤」을 읽어보았는지 모르
겠지만, 내가 알기에는 그대의 설교는 다른 철학자들의 그
것을 능가하며 단순하고도 장엄한 것 같습니다. 이에 대해
서는 황제께서도 알고 계시며, 그를 허락한 것을 스스로도
기쁘게/생각하고 있소. 그러나 나는 그대의 설교가 강력하
고도 원한 깊은 적대자(敵對者)를 만들고 있음을 알려 드려
야겠소. 이것은 놀라운 사실이 아니오.

「소크라테스」에게도 대적이 있었으며 결국에는 그들의
증오의 희생물이 되었다오. 그대의 경우는 그대의 설교가
그들에게 매우 가혹하다는 것과, 내가 그대에게 자유를 허
락한 것으로 그들이 나를 반대한다는 것 때문에 설상가상
(雪上加霜)으로 시끄러워지고 있소. 그들은 「로마」정부가
그들에게 허용한 작은 권리마저도 나와 그대가 손을 잡고
그들로부터 빼앗으려 한다면서 고소까지 하고 있소.

내가 그대에게 지금 말하려고 하는 것은 명령이 아니라

부탁으로서, 이제부터는 그대가 설교할 때에 좀더 신중하고 온화한 말로하며, 그들을 고려하여 대적의 자존심을 상하게 함으로써 그들이 어리석은 군중들을 충동질하여 그대를 대적하지 않도록 하고 또 나로 하여금 법의 도구 노릇을 하지 않도록 해 달라는 것이오.

그 「나사렛」사람은 조용히 입을 열었습니다. "땅의 군주여, 그대의 말은 참된 지식에서 나온 말이 아닙니다. 격류(激流)를 명하여 산골짜기에 머물러 있으라고 말해 보십시오. 그러면 계곡의 나무들은 뿌리째 뽑혀 버릴 것입니다. 그 급류는 자연과 창조주의 법칙에 순종한다고 그대에게 답변할 것입니다. 하나님 한 분만이 그 급류가 어디로 흘러가는지 알고 계십니다. 진실로 그대에게 이르노니 「샤론」의 장미가 피기 전에 정의의 피가 엎질러질 것입니다"

"당신의 피는 엎질러지지 않을 것이오"하고 저는 깊은 감동을 받고 대답하였습니다. "당신의 지혜는「로마」정부에 의하여 허용된 자유를 남용하는 거칠고 오만한 모든 「바리새」인보다 더욱 값진 것이오. 그들은 「가이사」에 대한 음모를 꾸미며, 「가이사」는 폭군으로서 그들의 멸망을 도모하고 있다는 말로 무식한 자들을 충동하여 황제의 관대하심을 공포(恐怖)로 조작시키고 있소. 오만무례하고 철면피 같은 인간들이오! 그들은 악한 계획을 도모하기 위해서 때로는 양의 가죽을 쓰는 「티베르」강의 여우임을 그들 자신은 모르고 있소. 나의 총독 관저는 밤낮을 불문하고 그대에게 도피처로 제공될 것이오”

예수는 관심 없다는 듯이 머리를 저으며, 근엄하고 숭엄(崇嚴)한 미소를 띠면서 말하였습니다. “때가 이르면 그 때는 땅 위나 땅 아래 어느 곳에도 인자를 위한 도피처는 없을 것입니다. 의(義)의 도피처는 저기에 있습니다”라면서 하늘을 가리키는 것이었습니다. “선지자들의 책에 기록된 말씀은 성취되어야 할 것입니다” “젊은이여”하고 저는 부드러운 말투로 말했습니다. “그대는 나의 요청을 명(命)으로 받아들여야 할 것이오. 나의 통치하에 있는 지방의 안전이 그것을 요구하고 있소. 당신은 설교할 때 좀 더 온건한 태도를 취하도록 하여야 할 것이오. 나의 명을 어기지 않도록 하시오. 그렇지 않으면 결과가 어떠할 지를 그대도 잘 알 것이오. 와 주어서 고맙소. 잘 가시오 땅의 군주여”하고 예수가 입을 열었습니다. “나는 이 세상에 전쟁을 일으키려고 온 것이 아니라 평화와 사랑과 자비를 주려고 왔습니다. 나는 「가이사 아구스도」가 「로마」세계에 평화를 주던 바로 그 날에 태어났습니다. 핍박은 나에게서 오는 것이 아닙니다. 나는 다른 사람으로부터의 핍박을 예상하고 있으며, 나에게 길을 보여주신 내 아버지의 뜻에 순종하여 그 핍박을 잘 감수하게 될 것입니다. 그러므로 그대의 세상적인 사려분별(思慮分別)과 지각을 삼가십시오. 성막에 희생 제물을 잡아놓는 것은 그대의 권력에 속한 것은 아닙니다”

　이와 같은 말을 한 후 그는 투명(透明)한 영혼처럼 접견실 휘장 뒤로 사라져 갔습니다. 저는 그 젊은이 앞에서 어찌할 바를 모르던 중압감(重壓感)에서 해방되어 안도의 한숨을 쉬었습니다.

　예수를 대적하는 자들은 그 당시 「갈릴리」 지방을 다스리고 있던 「헤롯」에게 편지를 써서 그 「나사렛」 사람에 대한 원한을 풀어달라고 하였습니다. 만일 「헤롯」이 그의 성격대로 하였다면 그는 예수를 당장 잡아 사형에 처했을 것입니다. 그러나 그는 비록 왕의 위엄을 자랑하고 있음에도 불구하고 중의원에 대한 그의 영향이 무시당할 지도 모르는 행동을 범하는데 주저하였으며 또 저처럼 예수를 두려워하고 있습니다.

　그러나 「로마」의 관리로서 한 유대인 때문에 겁을 집어먹는다는 것은 있을 수 없는 일이었습니다. 일전에 「헤롯」은 총독청으로 저를 방문하였으며 얼마간 가벼운 대화를 나눈 후, 떠날 즈음에「나사렛」사람에 대한 제 견해가 어떠한지를 물었습니다. 저는 대답하기를 예수는 가끔 위대한 민족이 드물게 배출해 내는 위대한 철인 중의 한사람으로 그의 교훈은 결코 처벌받을 만한 것이 아니므로「로마」정부는 그 자신의 행동으로 정당화하고 있는 언론의 자유를 그에게 허용하기로 하였다고 말했습니다.「헤롯」은 음흉하게 웃어 보이면서 마지못해 하는 투로 인사하고는 떠났습니다.

유대인의 큰 축제가 다가오고 있었으며 백성의 여론은 유월절 의식(儀式)에서 항상 감정을 표명하는 일반 백성의 환희에 편승하고 있었습니다.「예루살렘」성은 그「나사렛」사람의 죽음을 시끄럽게 요구하는 소란한 군중들로 술렁이고 있었습니다. 제가 파견한 밀사(密使)는 성전의 금전이 군중들을 동원하는데 사용되고 있다고 전해 왔습니다. 위험은 점점 더 가중되었으며 한「로마」의 백부장은 멸시와 모욕을 당했습니다.

저는「시리아」의 사령관에게 편지를 보내어 100명의 보병과 될 수 있는 데로 많은 기병을 보내 달라고 요청하였으나 그는 거절하였습니다. 저는 반역하는 성(城) 한가운데서 얼마 되지도 않는 정병(精兵)들과 함께 외톨박이가 된 것

같았으며 폭동을 진압하기에 너무 약한 탓으로 제가 할 수 있는 일이란 그들을 너그럽게 대해 주는 수 밖에는 별다른 도리가 없었던 것입니다.

그들은 예수를 붙들고 있었으며 선동적인 폭도들은 총독청에 대하여는 조금도 두려움 없이 그들의 상전(上典)의 명령만 믿고 있었으며, 제가 그들의 요구가 무엇인지를 말해 보라고 눈짓을 했을 때 그들은 '그를 십자가에 못 박으소서! 십자가에 못 박으소서!' 라고 고래고래 고함치기를 계속하였습니다. 그때는 세력 있는 세 당이 예수를 대적하기 위해 일심동체가 되었습니다. 첫째로 「헤롯」당과 「사두게」파로서 그들의 선동적인 행동은 두 가지의 동기, 즉 그들은 「나사렛」사람을 미워하였으며 「로마」의 속박을 참을 수가 없었습니다-에서 나온 것 같았습니다.

「로마」황제의 형상이 새겨진 기(旗)를 가지고 거룩한 성에 들어왔다는 것 때문에 저를 결코 용서할 수 없다고 말하였습니다. 비록 제가 어떤 치명적인 죄를 범하였다고 해도 신성 모독죄 보다는 덜 흉악하다는 것입니다. 또 다른 불만의 씨가 그들의 가슴속에 사무쳐 있었습니다.

저는 성전의 은금(銀金)의 일부를 공공건물을 건축하는 데 사용하자고 제안하였습니다. 그러나 제 제안은 무시당하였습니다. 「바리새」인들은 공공연하게 예수의 대적임을 자처하고 다니는 자들입니다. 그들은 정부 같은 것은 아랑곳하지도 않는 자들로서 그 「나사렛」사람이 지난 3년 동안 그가 가는 곳마다 「바리새」인들을 혹독하게 질책한 것에 대하여 끔찍한 원한을 품고 있었습니다.

그들만의 힘으로 행동하기에는 너무도 두렵고 약하다는 것을 알고 「헤롯」당과 「사두게」파와의 불화를 이용하였던 것입니다. 이들 세 당 외에도 저는 언제나 소요에 끼어들기 잘하며 무질서와 혼란을 일으키는데는 한 몫을 잘 담당하는 분별없고 야비한 군중들과 싸우지 않으면 안 되었습니다.

예수는 대제사장 앞으로 끌려와 사형으로 정죄되었습니다. 대제사장 「가야바」가 중재(仲裁)를 부탁해 온 때가 바로 그때였습니다. 그는 예수의 유죄판결을 확인한 후 처형해 줄 것을 요구하였습니다. 나는 그에게 예수는 「갈릴리」사람이요 그 사건은 「헤롯」의 관할 지역에서 일어난 일이니 거기로 보내라고 명(命)을 내렸습니다. 교활한 그 영주는 겸양을 표시하는 척 하면서 「가이사」의 대리자인 저의 명령을 거절하고 그 사람의 운명을 제 손에 위탁하였습니다.

곧 저의 관저는 포위된 성보(城堡)의 형세를 띄었고 매 순간마다 불만에 가득 찬 터질듯 한 군중들은 그 수가 증가되었습니다. 「예루살렘」은 「나사렛」산지(山地)에서 몰려온 군중들로 넘쳤으며 전 유대인들이 모두 「예루살렘」으로 쏟아져 들어오는 것 같았습니다. 저는 장래의 운명을 내다본다는 「까울」지방의 여자를 아내로 두고 있습니다.

　아내는 제 발치에 엎드려 몸을 맡기고 울면서 말하였습니다. "조심하십시오. 조심하십시오. 저 사람에게 손대지 마십시오. 그는 거룩하신 분입니다. 어제 밤, 저는 환상 중에서 그를 보았습니다. 그는 물 위로 걸어가고 있었습니다. 그는 또 바람의 날개를 타고 날아다니고 있었습니다. 보세요. 「기드론」골짜기는 피로 물들어 붉게 흐르고 있었고 「가이사」의 조상(彫像)은 대량학살로 가득 차 있었습니다. 중간 기둥들은 퇴락하였고 태양은 무덤 속의 제녀(齊女)처럼 슬픔 속에 면사포로 가리고 있었습니다. 오! 「빌라도」여, 악(惡)이 당신을 기다리고 있습니다. 만일 당신이 당신의 아내인 제 애원을 듣지 않으신다면 「로마」 중의원이 받을 저주가 두렵고 「가이사」가 당할 괴로움이 두렵습니다" 이 때는 이미 몰려온 군중들의 무게로 층층대의 대리석 계단이 삐걱거렸습니다.

그들은 그 「나사렛」사람을 다시 저에게 데리고 왔습니다. 저는 위병들의 호위를 받으며 재판하는 장소로 나아가서 엄격한 어조로 그들의 요구가 무엇인지 물었습니다. "그 「나사렛」사람의 죽음이요"하고 그들은 대답하였습니다. "무슨 죄 때문인가?"

　"그는 참람한 말을 하였습니다. 하나님을 모독하고 성전의 황폐를 예언하였으며 그 자신이 하나님의 아들이라고 하면서 유대인의 왕, 「메시야」라고 주장 하였습니다" "「로마」의 법은"하고 저는 말하였습니다. "그러한 죄는 사형에 처하지 않는다"

　"그를 십자가에 못 박으시오! 그를 십자가에 못 박으시오!" 냉혹한 폭도들이 소리 질렀습니다. 분노한 폭도들의 고함소리는 관저의 기초까지 흔들어 놓았습니다. 군중 속에는 오직 한 사람만이 침착하게 조용히 서 있었습니다. 그 「나사렛」사람이었습니다.

　무자비한 핍박 자들로부터 예수를 보호하려고 여러 번 시도하였으나 헛수고로 돌아가고 저는 마침내 그 순간 예수의 생명을 구원할 수 있는 유일한 것으로 생각된 방법을 취하기로 하였습니다. 즉 이러한 명절에는 죄수 한 사람을 놓아주는 것이 그들의 관례였으므로 저는 예수를 자유롭게

놓아 소위 그들이 일컫는 속죄 염소로 삼자고 제안하였습
니다.

　그러나 그들은 예수를 십자가에 못 박아야 한다고 고집
하는 것이었습니다. 그리하여 저는 그들에게 형사재판에서
유죄 판결을 내리기 위하여서는 하루를 온전히 금식하지
않고서는 판결을 내릴 수 없다는 그들 자신의 법을 들어,
앞뒤가 맞지 않는 그들의 주장의 모순(矛盾)성을 지적하였
습니다. 뿐만 아니라 유죄 선고는 「산헤드린」의 동의를 얻
어 의장의 서명을 받아야 하며 또 어떠한 범죄자일지라도
형의 확정 선고를 받은 당일에는 그 형의 집행을 할 수 없
으며 다음 날에 집행(執行)한다 할지라도 집행 전에 「산헤
드린」이 전 경과를 검토해 보아야 하며 또 그들의 법에 따
라서 한 사람이 기(旗)를 가지고 재판정 문에 서 있는 동안
다른 사람은 말을 타고 좀 떨어진 곳에서 범죄자의 이름과
죄명과 증인의 이름을 소리 높이 외쳐, 혹시 누가 그를 변
호할 사람이 있을 지의 여부를 알아봐야 하며, 형 집행 도
중 범인이 세 번 뒤를 돌아보아서 새로운 사실로 자신에게
유리한 변호를 할 권리가 있다는 것을 그들에게 깨우쳐 주
었습니다.

　저는 이러한 구실을 말해 줌으로써 그들이 두려운 마음

으로 복종하기를 바랐으나 여전히 그들은 "그를 십자가에 못 박으소서! 그를 십자가에 못 박으소서!"라고 소리 질렀습니다. 저는 그들의 마음을 충족시켜 줄 생각에서 예수를 채찍질하라고 명령하였습니다. 그러나 그것은 군중의 분노를 증가시켰을 뿐이었습니다.

저는 대야를 가져오라고 하여 소란스러운 군중 앞에서 제 손을 씻음으로써 「나사렛」예수를 죽음에 내어 주는데 대해서는 아무런 책임도 없다는 것을 보여주었습니다만 그것도 허사였습니다. 이 철면피 같은 군중들이 갈구하는 것은 바로 예수의 생명이었던 것입니다.

저는 가끔 시민폭동에서 노도한 군중을 목격하여 왔으나 이번처럼 격렬한 폭동은 본적이 없었습니다. 마치 지옥의 모든 유령들이 「예루살렘」으로 모여든 것과 같았다고 밖에는 표현할 수가 없었습니다.

군중들은 걸어 다닌다기 보다는 갑자기 땅에서 불쑥불쑥 솟아나는 것 같았으며 총독 청사의 입구에서부터 「시온」산까지 이르는 군중들은 넘실거리는 파도를 따라 움직이는 소용돌이처럼 보였고, 「판노니아」의 공회소의 소동이나 폭동에서도 결코 들어볼 수 없는 가지가지의 해괴한 소리를 지르며 모여들었습니다.

겨울날 황혼 무렵처럼 날이 어두워지자, 저 위대한 「줄리어스.시저」가 죽었을때 처럼 적막하였습니다. 마치 3월 보름날 같았습니다. 모반을 일삼는 이 성을 위임받은 통치자로서, 저는 접견실 기둥에 기대어 서서 그 죄 없는 「나사렛」 젊은이를 처형하려고 끌고 다니는 어두컴컴한 지옥의 악마 같은 저들의 무서운 계략을 꺾을 방안을 생각하고 있었습니다. 제 주위의 모든 것이 황량하게 보였습니다.

「예루살렘」은 그 주민들을 「게모니카」로 가는 장례(葬禮)문을 통하여 모두 토하여 냈습니다. 황막하고 쓸쓸한 분위기가 제 주위를 둘러싸고 있었습니다. 저의 위병들은 기병과 백부장이 가세한 가운데 무력에 의한 질서유지에 전력을 기울였습니다. 저는 홀로 남았으며, 그때 잠깐 동안 지나간 그 순간은 마치 저 자신이 꿈속에서 살고 있는 것 같았습니다.

바람결을 타고 「골고다」에서 들려오는 큰 부르짖음 소리는 일찍이 인간의 귀로는 들어본 적이 없는 고통의 소리를 발하고 있었습니다. 검은 구름이 성전 꼭대기 위에 드리워졌으며 마치 면사포를 가리운 것처럼 「예루살렘」을 덮고 있었습니다.

하늘과 땅에 나타난 징조들은 너무도 두려운 것이었습

니다. 마치 「디오누시오」가 "창조주가 고통을 당하고 있든지 우주가 떨어져 나가고 있든지 둘 중의 하나다"라고 크게 소리 질렀듯이 말입니다. 이러한 가공할 자연현상이 일어나는 동안 애굽에는 무서운 지진이 일어났으며, 모든 사람들은 두려움으로 떨고 있었으며 미신에 사로잡힌 유대인들은 거의 죽음의 공포에 직면해 있었습니다.

「안디옥」사람인 나이 많고 학식이 풍부한 「빌도살」이라는 한 유대인은 이 지진소동이 있은 후 시체로 발견되었습니다. 그가 놀라서 죽었는지 아니면 슬픔으로 죽었는지는 알 수 없었으나 그는 그 「나사렛」사람의 절친한 친구였습니다. 그날 밤 첫 시간이 되기 전에 저는 외투를 걸치고 성 안으로 들어가 「골고다」로 향하는 문으로 가 보았습니다.

그 제물은 죽어 있었습니다. 군중들은 아직도 흥분하고 있었으나 실상은 침울하여, 말없이 절망에 빠진 상태로 집에 돌아가고 있었습니다. 그들이 목격한 사실은 그들을 공포와 양심의 가책으로 몰아넣었던 것입니다.

저는 또 저의 적은 「로마」병정의 일단이 슬픔에 잠긴 채 지나가는 것을 보았으며 기수(旗手)는 슬픔의 표시로서 독수리표 깃발로 얼굴을 가리고 지나가고 있었습니다. 또 병정의 일부는 무엇인가 혼잣말을 하면서 지나갔지만 저는 무슨 말인지 알아들을 수가 없었습니다.

　어떤 사람들은 신(神)들의 뜻을 좇는 「로마」인들을 당황케 하는 기적들에 대하여 자세히 이야기하고 있었습니다. 가끔 한 무리의 남녀들이 걸음을 멈추고는 되돌아서서 움직이지도 않고 어떤 새로운 경이(驚異)를 기대하는 마음으로 「갈보리」언덕을 바라보고 있었습니다.

　저는 허탈한 마음과 슬픔에 차서 총독청에 돌아왔습니다. 그 「나사렛」사람의 피가 아직 얼룩져 있는 계단을 오르다가 저는 문득 한 늙은이가 무엇을 탄원하는 듯한 태도로 서있는 것과 그 노인 뒤에서 몇 명의 「로마」사람들이 눈물을 지으면서 서 있는 것을 보았습니다. 그는 내 발 앞에 몸을 굽히고 크게 통곡하였습니다.

　늙은 노인이 울고 있는 것을 보니 마음이 아팠으며, 비록 외국 사람이기는 하지만, 함께 있는 「로마」사람과 같이 제 마음은 슬픔으로 어찌할 바를 몰랐습니다. 그리고 실제로 그날 제가 본 많은 사람들의 눈에는 눈물이 글썽이고 있는 듯이 보였습니다. 저는 그렇게 격한 감정을 가져본 체험이 없었습니다.

　예수를 반역하여 판 사람들이나 그렇게도 반대 증언을 하고 "그를 십자가에 못 박으십시오. 그의 피 값을 우리에게 돌리시오"하고 큰소리쳤던 무리들은 비겁한 똥개같이 쑥 들어 가버려, 그들의 이빨을 식초로 씻은 듯 시침을 떼고 있었습니다. 제가 들은 대로 예수가 죽은 후에 부활(復活)하리라는 그의 가르침이 사실이라면 이 가르침은 많은 군중 가운데서 실현될 것이라고 저는 확신하고 있습니다.

"영감님" 저는 감정을 억제하고 그 노인에게 물었습니다. "당신은 누구시며 바라는 요구가 무엇입니까?" "저는 「아리마데」 요셉이라고 합니다"하고 노인은 대답하였습니다. "저는 「나사렛」예수를 장사지내고 싶습니다. 그것을 허락해 달라고 당신 앞에 무릎 꿇었습니다" "당신 소원대로 하십시오"하고 저는 대답하였습니다. 그리고 동시에 저의 부관 「만류스」에게 명하여 병정 몇 사람을 대동하고 가서 매장하는 것을 감독하고 불경스러운 일이 일어나지 않도록 하라고 지시하였습니다.

며칠 후 그의 무덤은 비어 있었으며, 그의 제자들은 각처로 다니면서 예수가 자신이 말한 대로 죽은 사람들 가운데서 다시 살아나셨다고 전파했습니다. 이 사건은 예수를 십자가에 못 박았던 사건보다 더 혼란을 일으켰습니다. 이 사실에 대해서 확실히 말할 수는 없지만 어느 정도 제 나름대로 조사를 해 보았습니다.

황제께서도 「헤롯」을 시켜 조사하여 보시면 저에게 잘못이 있는지의 여부를 알 수 있을 것입니다. 요셉은 자신의 묘실(墓室)에 예수를 매장하였습니다. 그가 예수의 부활을 예상했는지 아니면 또 다른 묘실을 준비하려던 것인지는 저도 알 수 없었습니다. 예수가 매장된 다음날 제사장 한 사람이 총독청으로 와서 제게 말하기를 예수의 제자들이 그의 시체를 훔쳐 숨긴 후 그가 생전에 예언한 대로 살아난 것처럼 꾸미려고 한다고 하였습니다.

　저는 그 제사장을 친위대장인 「말커스」에게 보내어 무덤을 지키기에 충분한 수대로 병정을 대리고 가서 배치하라고 한 후, 만일 무슨 사건이 발생한다면 그들의 책임이지 「로마」정부의 책임이 아니라고 하였습니다.

　무덤이 비어있다는 사실이 알려지자 큰 흥분이 일어났으며 저는 더 큰 근심에 싸이게 되었습니다. 저는 「이슬람」이라는 사람을 보내어 자초지종을 조사하게 하였는데 그는 제가 다음과 같은 상황을 연상할 수 있도록 자세히 말하여 주었습니다. 사람들은 그 무덤 위에서 부드럽고 아름다운 빛을 보았다고 하였습니다. 처음에 그는 여자들이 그들의 풍속대로 예수에게 발라드릴 향유를 가지고 왔는가 하고 추측하였습니다.

그러나 곧 그는 여자들이 파수꾼을 통과할 수 없으리라는데 생각이 미쳤습니다. 이러한 여러 생각이 그의 마음에 스쳐가는 동안 이상하게도 온 주위가 환하고 밝게 비취고 거기에 이미 죽었던 많은 사람들이 그들의 수의(壽衣)를 입은 채로 서 있는 것 같았다고 하였습니다.

그들 모두가 말로는 다 표현할 수 없는 기쁨에 충만하여 환호하는 듯 하였으며 동시에 그 주위와 위로부터 그가 들어 본적이 없는 아름다운 음악이 들려왔으며 온 누리에 하나님을 찬양하는 소리가 가득차고 넘친 것 같았다고 합니다. 이런 것을 보고 듣는 동안 땅은 기고 헤엄치는 것 같았고 그는 토할 것 같고 힘이 없어 일어설 수가 없었다고 하였습니다. 대지는 그 아래에서 헤엄치는 듯 하여 그의 감각은 마비되고 그는 무슨 일이 일어나는지 알 수 없었다는 것입니다.

정신이 돌아왔을 때 어떻게 되었느냐고 물었더니 그는 얼굴을 땅에 대고 엎드려 있었다고 하였습니다. 저는 그의 현기증이 잠에서 깨어나 너무 갑자기 일어남으로 흔히 있는 것 같은 그런 경우가 아니었는가 물었습니다.

그는 말하기를 잠들은 것이 아니라, 마치 임무 소행 중에 잠을 잤기 때문에 사형 선고를 받아 죽는 경우와 같았다고 하였습니다. 또 말하기를 병정들은 서로 교대로 잠을 잤다고 하였습니다. 그러면 그 광경은 얼마 동안이나 계속되었는지 물었습니다. 그는 대답하기를 확실하게는 모르지만 약 한 시간쯤 되지 않았나 짐작한다고 하였습니다. 또 정신이 돌아온 후 그 무덤에 가보았느냐고 물었으나 못 갔다고 대답하였고 그 이유는 교체병이 오자마자 그들이 숙소로 가는 것을 두려워했기 때문이라고 했습니다.

그러면 제사장들에게 질문을 당하였느냐고 물었더니 그렇다는 것이었습니다. 그 내용인즉 제사장은 밤에 일어난 사건이 지진이었으며 파수꾼들이 모두 잠들었을 때 제자들이 예수의 시체를 훔쳐간 것이라고 말한다면 그에게 돈을 주겠다고 하였다는 것이었습니다. 그러나 그는 거기서 한 사람의 제자도 보지 못하였으며 시체가 없어졌다는 사실도 모르고 있었으며 누군가의 말을 듣고 후에 알았다는 것이었습니다. 저는 그가 같이 대화한 제사장들의 예수에 대한 견해가 어떠하냐고 물어 보았습니다. 그는 대답하기를 제사장이 더러는 예수는 남자도 사람도 아니며「마리아」의 아들도 아닐 뿐더러 「베들레헴」의 처녀의 몸에서 탄생된 그 사람이 아니라고 말하였다고 대답했습니다.

제가 생각하기로는 만일 유대인의 주장이 사실이라면

다음과 같은 결론을 지을 수 있을 것 같습니다. 왜냐하면 마치 진흙이 토기장이의 손에 있듯이 모든 것이 그 사람의 손에 있다는 사실이 그를 따르는 자들이나 배척자들에 의하여 알려지고 증거 된 것처럼 그 모든 사실이 그 사람의 생애와 조화되기 때문입니다.

그는 물을 포도주로 만들 수 있었습니다. 그는 바다를 잠들게 하고 폭풍을 멈추게 하고 고기를 잡아 그 입에서 은전을 얻어낼 수 있었던 분입니다. 만일 모든 유대인들이 증거 하는 것처럼 그가 했다고 하는 많은 일들을 그가 할 수 있었다면 그를 대적하게 했던 그의 모든 주장은 사실일 수밖에 없다고 저는 감히 말씀드립니다.

그는 범죄 함으로, 어떤 법을 어김으로써 또 누구를 그릇되게 함으로써 비난을 산적은 없었습니다. 이 모든 사실은 그를 지지하였던 사람 뿐 아니라 그를 대항(對抗)하였던 수많은 사람들까지도 인정하고 있습니다. 십자가 옆에서 「말커스」가 말한 것처럼 나는 진실로 이 사람은 하나님의 아들이었다고 말하고 싶습니다.

각하여, 이것은 제가 할 수 있는 한 사실대로 기록한 것입니다. 이번 사건에 있어서 「안티파터」가 제게 관한 여러 가지 가혹한 평을 하였다고 들었으므로 황제께서 사건의

전모를 아신 후 제가 취한 행동에 대하여 바른 판단을 내려
주시도록 자세히 쓰느라고 많은 애를 썼습니다.

　각하의 건승(健勝)을 빕니다.

　저는 각하의 가장 충실한 신하입니다.

　　　　　　　　　　본디오 빌라도

　상기와 같이 본서는 예수님 당시 로마의 총독 빌라도가
로마 황제 디베료 가이사 각하에게 보낸 예수님에 대한 보
고서로 사문서가 아니라 공문서입니다. 때문에 빌라도의
보고서를 지금까지 국가에서 소중하게 보관하고 있는 것입
니다. 빌라도가 가이사에게 보낸 보고서를 보면 빌라도가
예수님을 죽인 것이 아니라 빌라도는 오히려 예수님이 하
나님의 아들이며 메시아라는 것을 알고 예수님을 죽이려는
유대 제사장과 유대인들로부터 은밀히 보호를 하며 살리려
고 무던히 애를 쓰고 있는 것을 볼 수 있습니다.
　이렇게 예수님을 살리려고 한 빌라도가 사도신경 때문
에 살인죄의 누명을 쓰고 이천년 동안 죄인이 되어온 것입
니다. 문제는 유대인들이 무고(無告)한 예수님을 죄인으로
몰아 죽이려한 것과 같이 오늘날 기독교인들도 사도신경으

로 인해 무고한 빌라도를 죄인으로 몰아 이천년이 지난 지금까지 예수님을 십자가에 못 박아 죽인 살인자라고 위증을 하고 있다는 것입니다. 그러나 빌라도는 생전에 예수님이 하나님의 아들이라는 것을 알고 어떻게 해서든지 예수님을 살리려고 노력을 하였으며 그가 죽은 후에도 이천년이 지난 지금까지 가이사에게 보낸 공문서를 통해서 예수님은 죄가 없으신 하나님의 아들이라는 것을 증거하고 있는 것입니다.

그런데도 불구하고 오늘날 기독교인들이 빌라도의 보고서를 직시하고 그리고 성경에 기록된 말씀을 보면서도 예수님을 빌라도가 죽였다고 거짓증거를 한다면 하나님께서 반드시 징벌(懲罰)을 하실 것입니다. 그러므로 이글을 읽으신 기독교인들은 이제 "예수님을 누가 죽였는가?" 하는 질문에 올바른 답변을 해야 합니다. 그리고 지금까지 빌라도가 예수를 죽였다는 잘못된 신앙고백을 멈추고 하나님 앞에서 진정으로 회개(悔改)를 해야 합니다. 그리고 지금까지 억울한 죄의 누명(陋名)을 쓰고 있는 빌라도를 하루속히 죄인의 오명(汚名)을 벗겨주고 죄로부터 해방시켜야 합니다. 그보다 오늘날 기독교인들은 지금까지 예수님을 빌라도가 죽였다고 위증을 한 죄를 하나님과 빌라도 앞에서 회개해야 합니다. 특히 지금까지 이러한 사실도 모르고 교인들에게 사도신경을 사도들의 고백서라고 가르치며 빌라도가 예수님을 죽인 살인자라고 위증을 하게 만든 목회자들은 교인들보다 배나 더 많은 회개를 해야 합니다. 또한 예수를 죽인 유대 제사장과 하나님의 백성들인 유대인들이 바로 자신임을 깨닫고 진정한 회개를 해야 합니다.

왜냐하면 오늘날 목회자들이나 기독교인들은 지금도 오늘날 하나님께서 구원자로 보내주시는 하나님의 아들을 유대인들과 같이 이단으로 정죄(定罪)를 하며 배척(排斥)을 하고 있기 때문입니다. 오늘날 기독교인들을 구원할 하나님의 아들은 이천년 전에 오셨던 예수님이 아니라 하나님께서 구원자로 보내주시는 오늘날 살아계신 예수님(하나님의 아들)이라는 것을 명심해야 합니다. 그런데 하나님께서 오늘날 기독교인들을 구원하기 위해서 구원자로 보내주신 하나님의 아들을 이단으로 배척(排斥)하고 핍박(逼迫)하는 것은 예수님을 다시 십자가에 못 박는 행위입니다.

그러므로 오늘날 기독교인들은 하나님께서 오늘날의 구원자로 보내주시는 예수님을 믿고 영접해야 합니다.

4) 장사한지 사흘 만에 죽은 자 가운데서
   다시 살아나시며

상기의 말씀은 성경에 기록된 말씀으로 문맥상으로는 아무런 문제가 없습니다. 그러나 내용상, 즉 영적으로는 문제가 많은 것입니다. 왜냐하면 성령의 잉태 사건과 같이 예수님이 죽은 자 가운데서 살아나신 것은 몸이 아니라 영이기 때문입니다. 이러한 오해는 기독교인들이 영적인 사건을 육적으로 보고 있기 때문이며, 예수님을 찾아 왔던 니고데모와 같이 영으로 거듭나는 것(부활)을 육적인 몸이 부활되는 것으로 오해하고 있기 때문입니다.

오늘날 기독교를 세계 제일의 위대한 종교로 만들어 낸 것은 바로 예수님의 부활과 성령의 잉태 때문입니다. 이것은 기독교만이 육신이 성령으로 잉태되고 죽은 몸도 다시 살아난다는 거짓 신화 때문입니다.

만일 이러한 일들이 신화가 아니라 사실이라면 지금도 기독교인들 가운데서 성령의 잉태가 일어나고 죽은 자들이 다시 살아나야 하는 것입니다. 그런데 예수님의 부활이후 이천년이 지난 지금까지 성령의 잉태나 몸이 부활되는 사건이 단 한사람에게도 일어나지 않고 있습니다. 이것은 예수님의 육신이 성령으로 잉태되었다는 것이나 몸이 다시 살아났다는 것은 기독교가 만들어 낸 거짓말이거나 아니면 영적인 사건을 육적인 사건으로 왜곡하고 있기 때문이라 생각합니다. 때문에 예수님의 부활은 몸의 부활이 아니라 영의 부활인 것입니다. 왜냐하면 부활은 죽은 자들에게만 일어나는 사건이며 이미 산 자, 즉 성령으로 잉태된 예수님은 죽을 수도 없고 다시 부활을 할 수도 없는 몸이기 때문입니다.

이렇게 예수님은 하나님의 영원한 생명이기 때문에 죽을 수도 없고 죽어서도 안 되는 생명입니다. 그런데 예수님이 부활했다는 것은 예수님이 죽었다는 것인데 예수님이 죽었다면 하나님이 죽었다는 것입니다. 그러므로 예수님이 죽은 자들 가운데서 다시 살아나셨다는 것은 오해이며 진정한 뜻은 예수님의 생명이 죽은 제자들 안에서 부활하셨다는 뜻입니다. 즉 예수님이 죽은 자들 가운데서 다시 살아나신 곳은 죽은 제자들의 몸이었던 것입니다. 예수님께서 제자들 가운데서 부활하심으로 말미암아 제자들은 하나님의 생명으로 거듭나서 사도들이 된 것입니다.

예수님이 죽은 제자들 안에 영으로 들어가셔서 부활하신 사건은 곧 제자들 안에 성령이 잉태되어 하나님의 아들로 태어났다는 뜻입니다. 이렇게 예수님과 사도들에게 일어났던 성령의 잉태나 영의 부활은 예수님 이후 지금까지 변함없이 계속되어 오고 있습니다.

그런데 오늘날 기독교인들은 예수님의 성령의 잉태나 부활을 영적인 눈으로 보지 못하여 예수님의 죽은 몸이 부활되었다고 거짓증거를 하고 있는 것입니다.

기독교가 아무리 위대하고 이 세상에서 가장 큰 종교라 해도 진리를 왜곡하거나 진실이 결여되어 있다면 이방종교나 이단자보다 못하다는 것을 알아야 하는 것입니다.

5) 하늘에 오르사 전능하신 하나님 우편에 앉아 계시다가
저리로서 산 자와 죽은 자를 심판하러 오시리라.

상기의 말씀은 부활하여 하늘로 올라가신 예수님께서 지금까지 하나님 우편에 앉아 계시다는 말입니다. 오늘날 기독교인들은 이렇게 지금도 하나님 우편에 앉아 계신 예수님을 이천년 동안 기다리고 있는 것이며 또한 예수님이 언제 다시 내려온다는 보장도 없다는 것입니다.

예수님이 구름 타고 내려오시기를 기다리다가 죽은 기독교인들이 지금까지 얼마나 많은가? 이들은 이미 장사되어 시신이 썩고 뼈까지 모두 썩어 흔적도 없이 사라져 버린 자들도 있습니다. 이렇게 흔적도 없이 사라진 몸도 예수님이 오시면 다시 부활이 된다고 믿고 있는 것입니다. 그보다 예수님을 얼마나 더 기다려야 구름타고 내려와서 기독교인들을 구원시키고 부활을 시킬 것인지 아무도 모르고 있습니다.

문제는 예수님이 지금 이 세상에 존재하지 않는다면 구원도 부활도 될 수가 없다는 것을 알아야 합니다. 왜냐하면 하나님께서 하나님의 백성들을 구원하기 위해서 보내주신 자는 오직 예수님 밖에 없기 때문입니다. 그리고 예수님께

서도 "내가 바로 길이요 진리요 생명이니 나로 말미암지 않고는 아버지께 갈 수 있는 자가 없다"고 말씀하고 있기 때문입니다. 그런데 불행하게도 오늘날 이 세상에는 지금까지 예수는 없고 목회를 하고 있는 목사들뿐인데 목사들은 교인들과 같이 예수를 믿고 있는 자들이며 예수나 구원자가 아니라는 것입니다. 그러면 오늘날 기독교인들을 어느 누가 구원을 시킨단 말입니까?

이 모두가 성경말씀의 영적인 의미를 모르기 때문이며 거짓된 사도신경 때문에 나타난 현상들입니다. 예수님은 알파와 오메가로 세상 끝 날까지 항상 우리와 함께 계신 분이십니다. 예수님은 죽은 지 사흘 만에 제자들 안에서 부활하시어 열두 아들을 만들고 또한 열두 아들이 된 사도들은 다시 이웃에 죽어가는 영혼들을 부활시켜 하나님의 아들로 낳은 것인데 이러한 낳고의 역사는 지금도 계속되고 있는 것입니다.

그러므로 예수님의 모습과 모양은 다르지만 예수님과 동일한 생명을 소유한 구원자들은 지금도 존재하고 있는 것입니다. 문제는 이런 구원자들이 기독교 안에 있는 것이 아니라 기독교 밖에 있다는 것입니다.

왜냐하면 기독교인들은 오늘날의 예수나 구원자들을

믿지도 않을 뿐만 아니라 오히려 이단자로 배척을 하기 때문입니다.

　그러므로 하나님은 이천년 전에 오셨던 예수를 믿으면 구원이요 믿지 않으면 심판이 된다는 것이 아니라 오늘날 하나님께서 거듭나게 하여 보내주시는 구원자(예수)를 믿고 영접하면 구원을 받고 오늘날 하나님께서 보내주시는 구원자를 믿지 않으면 심판을 받은 것이라 말씀하고 있는 것입니다.

6) 성령을 믿사오며 거룩한 공회와 성도가 서로 교통하는
것과 죄를 사하여 주는 것과 몸이 다시 사는 것과 영원
히 사는 것을 믿사옵나이다. 아멘

오늘날 기독교인들은 거룩한 공회는 사람들이 예배드
리기 위해 모이는 성당이나 교회로 알고 있지만 하나님은
이러한 건물교회들을 거룩한 공회라고 인정을 하지 않으십
니다. 왜냐하면 거룩한 공회는 예수님이나 사도들과 같이
하나님이 안에 계신 하나님의 아들들을 말하는 것이며 사
람들이 건축해놓은 건물 성전에는 하나님이 계시지 않기
때문에 거룩한 공회라 할 수 없는 것입니다. 또한 죄인들의
죄를 사해주는 것도 예수님이나 사도들과 같이 하나님의
생명으로 거듭난 아들들이며 아직 하나님의 아들로 거듭나
지 못한 제사장이나 목회자들은 죄를 사해줄 수 있는 권한
이 없다는 것입니다.

오늘날 기독교인들의 가장 큰 문제는 죽은 몸이 다시
살기를 바라는 것과 성경을 날마다 보면서도 영과 육을 분
별하지 못하고 있다는 것입니다. 성경은 영만이 영원한 생
명이며 육은 무익하며 모두 썩어 없어질 것이라고 분명하
게 말씀하고 있습니다.

사람의 몸은 혼과 영을 담고 있는 질그릇에 불과 합니다. 즉 몸은 일회용 컵과 같이 이생에서 혼을 담고 있는 질그릇이며 육신이 늙고 병들어 죽게 되면 혼은 몸에서 분리되어 내생에 다시 다른 몸을 입고 태어나지만 몸은 썩어 없어지게 되는 것입니다.

　그런데 혼이 육신의 옷을 입고 있을 동안 하나님의 생명으로 거듭나 영이 된다면 거듭난 영은 다시 내생에 태어나지 않고 하나님이 계신 영원한 천국에서 살게 되는 것입니다. 그런데 사도신경 때문에 사람들은 혼이 부활되어 하나님의 아들이 되려는 것이 아니라 사후에 죽은 몸이 부활되어 영원히 살기를 바라는 것입니다.

　기독교인들이 화장을 피하고 매장을 하려는 것도 몸의 부활을 믿고 있기 때문입니다. 그러나 몸이 부활되는 사건은 지금까지 없었고 앞으로 영원토록 없다는 것을 알아야 합니다. 이렇게 사람들이 만들어 놓은 사도신경은 구구절절이 잘못되어 있는 것입니다. 그런데도 불구하고 지금도 교인들이 사도신경으로 신앙을 고백하고 있으며 세례문답도 사도신경을 중심으로 하고 있는 것입니다. 이렇게 잘못된 사도신경 때문에 예수님의 말씀과 같이 천국으로 가야 할 하나님의 백성들이 배나 더 지옥자식이 되어 멸망하게 되는 것입니다. 그러므로 하나님께서 보내주시는 오늘날의 구원자를 찾아서 올바른 신앙생활을 해야 합니다.

오늘날 기독교인들이 반드시 알아야 할 것은 오늘날 기독교인들을 구원할 예수는 이천년 전에 오셨던 과거의 예수님이나 앞으로 오실 미래의 예수님이 아니라 하나님께서 오늘날 보내주신 현재의 구원자(예수)이신 것입니다. 왜냐하면 오늘날 기독교인들이 살기 위해서는 오늘날 생명의 양식을 먹어야 하는데 오늘날의 양식을 주시는 구원자는 이천년 전에 오셨던 예수나 앞으로 오실 예수가 아니라 오늘날 현존하고 있는 구원자(예수)이기 때문입니다.

오늘날 기독교인들을 구원할 구원자는 오늘날 하나님의 생명으로 실제 거듭난 하나님의 아들이며 오늘날 기독교인들이 먹어야 할 양식도 오늘날 구원자의 입에서 나오는 생명의 말씀인 것입니다. 문제는 오늘날 기독교인들을 구원할 오늘날의 예수는 이미 와서 존재하고 있지만 유대인들처럼 오늘날의 구원자를 모르고 이단자로 배척하고 있다는 것입니다. 그 이유는 오늘날 기독교인들도 유대인들처럼 초라하게 말구유로 오시는 성경적 예수는 구원자로 인정하지 않고 외모가 화려하고 위엄이 있고 초능력을 소유한 신화적 예수를 기다리고 있기 때문입니다.

그러나 하나님께서 보내주시는 오늘날의 구원자는 이 사야 선지자의 말씀과 같이 그 안에 생명의 말씀을 가지고 있을 뿐 고운 모양이나 풍채도 없는 평범한 사람으로 사람 들 보기에 흠모할 만한 것이 아무것도 없는 것입니다.

　그러므로 기독교인들은 오늘날의 구원자는 믿지도 않 고 인정도 하지 않으며 오히려 이단자로 취급하여 멸시와 천대를 하고 있는 것입니다. 그러면서 언제 그리고 어떻게 오실지도 모르는 환상적인 예수, 즉 화려한 모습으로 구름 을 타고 오시는 초능력의 예수를 기다리고 있는 것입니다. 그러나 성경에서 말씀하고 있는 구름은 실제 구름이 아니 라 생명의 말씀을 비유로 말씀하고 있는 것입니다. 이렇게 오늘날 오시는 구원자도 예수님과 외모만 좀 다를 뿐 말씀 이 육신 되어 오셔서 오직 죽은 영혼들을 구원하여 살리고 있는 것입니다. 이와 같이 오늘날 기독교인들이 기다리는 신화적 예수는 성경적인 예수와 전혀 다른 것입니다.

　이렇게 하나님께서 오늘날 기독교인들에게 보내주시는 구원자는 유대인들과 같이 아무런 소용도 없고 관심조차 없는 것입니다. 그러나 만일 오늘날 기독교인들이 신화적 예수와 기복적인 교리신앙에서 벗어나 참 진리를 찾고, 참 목자를 찾으려 한다면 오늘날의 구원자는 지금도 가까이 계신 예수님을 발견할 수가 있습니다. 하나님께서 보내주시는 구원자는 과거에 오셨던 예수님이나 앞으로 나타날 미래의 예수님이 아니라 오늘날 하나님께서 보내주시는 하나님의 아들이라는 것을 알아야 합니다. 왜냐하면 현재 우리 앞에 와 있는 예수만이 오늘날 기독교인들이 먹어야 할 양식을 줄 수 있고 죽은 영혼을 구원하여 천국으로 인도해 주시기 때문입니다.

이상의 말씀과 같이 사도신경은 사도들의 신앙고백이 아니라 다른 사람들이 성경말씀을 인용하여 만들어 놓은 것입니다. 그러므로 오늘날 기독교인들은 이제부터 사도신경과 각종교리의 틀을 과감히 벗어버리고 하나님께서 하나님의 백성들에게 지키라고 명하신 십계명을 지켜야 합니다. 왜냐하면 하나님께서 이스라엘 백성에게 주셨던 십계명을 지킬 때 지금까지 애굽에서 먹었던 누룩섞인 유교병의 잔재가 모두 씻어지고 율법으로 무장하여 가나안 땅으로 들어갈 수 있기 때문입니다.

오늘날 기독교인들이 이러한 과정을 통해서 가나안 땅에 들어간다면 예수님을 만날 수 있고 예수님이 주시는 살과 피를 먹고 하나님의 아들로 거듭나게 되는 것입니다,

환난의 날

환난 날의 잡힌 마음이
등불을 밝히는구나

부끄러운 줄 모르며 달려 가더니
어리석음을 깨닫고 후회하면서

지난밤의 쑤시던 뼈마디가
쉬지 아니하였다면

흑암 중에
잡히지 않은 마음이

고생의 날 보내는 자가
광명을 볼 수 있었던가

6 . 부활절

예수님이나 사도바울은
죽은 영혼이 영으로 다시 살아나는
현재의 부활을 말씀하고 있는데
사두개인이나 오늘날 기독교인들은
죽은 몸이 다시 사는
사후의 부활을 주장하고 있는 것입니다.

부활절

　부활절은 예수님이 하나님의 백성인 유대인들에 의해 십자가에 못 박혀 죽으시고 장사 된지 사흘 만에 무덤에서 다시 살아나신 날인데 예수님을 믿는 기독교인들이 이 날을 부활절로 정하여 기념하고 있습니다.

　이 세상에 수 많은 종교 가운데 기독교만이 가장 위대한 종교라 자부하는 것은 예수님이 죽은 자 가운데서 다시 살아나셨기 때문입니다. 그러므로 기독교인들은 기독교만이 부활의 종교이며 진정한 구원의 종교라 말하고 있는 것입니다. 문제는 기독교가 진정 죽은 자가 다시 사는 부활의 종교라면 지금도 죽은 기독교인들 가운데 예수님과 같이 다시 살아나는 자가 있어야 한다는 것입니다.

　그런데 예수님의 부활이후 이천년이 지난 지금까지 기독교인들 가운데 죽은 자가 다시 살아 난 사람이 단 한 사람도 없었다는 것입니다. 그러면 예수님이 죽은 지 사흘 만에 다시 살아났다는 것도 사실이 아니라 기독교인들이 만들어낸 거짓말일 수도 있다는 것입니다.

　왜냐하면 예수님이 죽은 지 사흘 만에 다시 살아나셨다는 예수님의 부활은 오늘날 기독교인들 가운데도 죽은 자가 다시 사는 부활의 사건이 일어날 때 증명이 되는 것이며 또한 예수님이 다시 살아났다는 부활도 인정이 되기 때문입니다.

그리고 사도바울께서도 지금 죽은 자가 다시 사는 부활이 없다면 예수님이 죽은 자 가운데서 살아나신 것도 거짓이라고 말씀하고 있다는 것입니다. 그러므로 예수님이 다시 살았다는 부활이 거짓인지 아니면 예수님의 부활을 잘못 알고 있는지를 분명하게 알아야 한다고 생각합니다.

문제는 오늘날 기독교인들은 사후에 죽은 몸이 다시 살아나는 몸의 부활을 주장하는데 예수님이나 사도바울은 현재 죽은 영혼이 살아나는 영의 부활을 말하고 있다는 것입니다.

즉 예수님이나 사도바울은 죽은 영혼이 영으로 다시 살아나는 현재의 부활을 말씀하고 있는데 사두개인이나 오늘날 기독교인들은 죽은 몸이 다시 사는 사후의 부활을 주장하고 있는 것입니다. 왜냐하면 오늘날 기독교인들은 사도신경을 통해서 몸이 다시 사는 것과 영원히 사는 것을 믿는다고 고백하고 있기 때문입니다. 그러므로 성경을 통해서 예수님께서 말씀하시는 부활과 사두개인들이 말하는 부활을 알아보기로 하겠습니다.

[마태복음 22장 23~33절] 부활이 없다 하는 사두개인들이 그 날에 예수께 와서 물어 가로되 선생님이여 모세가 일렀으되 사람이 만일 자식이 없이 죽으면 그 동생이 그 아내에게 장가 들어 형을 위하여 후사를 세울찌니라 하였나이다 우리 중에 칠 형제가 있었는데 맏이 장가 들었다가 죽어 후사가 없으므로 그의 아내를 그 동생에게 끼쳐두고 그 둘째와 셋째로 일곱째까지 그렇게 하다가 최후에 그 여자도 죽었나이다 그런즉 저희가 다 그를 취하였으니 부활 때에 일곱 중에 뉘 아내가 되리이까 예수께서 대답하여 가라사대 너희가 성경도 하나님의 능력도 알지 못하는고로 오해하였도다 부활 때에는 장가도 아니가고 시집도 아니가고 하늘에 있는 천사들과 같으니라 죽은 자의 부활을 의논할찐대 하나님이 너희에게 말씀하신바 나는 아브라함의 하나님이요 이삭의 하나님이요 야곱의 하나님이로라 하신 것을 읽어 보지 못하였느냐 하나님은 죽은 자의 하나님이 아니요 산 자의 하나님이시니라 하시니 무리가 듣고 그의 가르치심에 놀라더라.

상기의 말씀에 부활이 없다고 부정하는 사두개인들은 사후에 몸이 다시 살아나는 부활을 부정하는 것이 아니라 현재 죽은 자가 다시 사는 현재의 부활을 부정하고 있는 것입니다. 때문에 사두개인들은 예수님에게 한 여자가 일곱 남자와 살다가 여자도 남자들도 모두 죽었는데 부활 때에는 누구와 살게 되느냐고 묻는 것입니다. 이렇게 사두개인들은 사후의 부활은 철저히 믿고 있지만 성경이나 예수님이 말씀하시는 현재의 부활, 즉 죽은 영혼이 살아나는 현재의 부활을 믿지 않는 것입니다.

죽은 자가 살아나는 현재의 부활은 사두개인이나 오늘날 기독교인들 뿐만 아니라 예수님을 믿고 따르는 마리아와 마르다도 믿지 않는 것을 볼 수 있습니다.

[요한복음 11장 21~24절] 마르다가 예수께 여짜오되 주께서 여기 계셨더면 내 오라비가 죽지 아니하였겠나이다 그러나 나는 이제라도 주께서 무엇이든지 하나님께 구하시는 것을 하나님이 주실 줄을 아나이다 예수께서 가라사대 네 오라비가 다시 살리라 마르다가 가로되 마지막 날 부활에는 다시 살 줄을 내가 아나이다.

오라비의 병으로 예수님을 학수고대 기다리고 있던 마르다가 예수님을 만나자 마자 만일 주께서 여기 계셨더라면 내 오라비가 죽지 아니했을 터인데 주가 없어서 죽게 되었다고 원망하는 조로 말을 하고 있습니다. 마르다는 예수님께 이어서 그러나 나는 지금이라도 주께서 무엇이든지 하나님께 구한다면 하나님께서 들어 주실 줄을 안다고 말씀드리고 있습니다. 즉 예수님께서 만일 하나님께 나사로를 살려달라고 구한다면 하나님께서 죽은 나사로도 살려주실 것이라는 뜻입니다. 마르다의 말을 들으신 예수님은 마르다에게 네 오라비가 다시 살아날 것이라고 말씀하고 있습니다.

그런데 예수님의 말씀을 들은 마르다는 예수님께 마지막 날 부활에는 다시 살줄을 내가 안다고 말합니다. 예수님은 죽은 나사로가 지금 다시 살아 날 것이라고 말씀하시는 반면에 마르다는 나사로가 지금 살아나는 것이 아니라 마지막 날, 즉 주님이 재림하시는 말세에 다시 살 줄을 안다고 말씀하고 있는 것입니다. 이렇게 마르다는 예수님께서 죽은 나사로가 지금 살아난다는 말씀을 믿지 못하고 사후의 부활을 믿고 있는 것입니다.

[요한복음 11장 25~27절] 예수께서 가라사대 나는 부활이요 생명이니 나를 믿는 자는 죽어도 살겠고 무릇 살아서 나를 믿는 자는 영원히 죽지 아니하리니 이것을 네가 믿느냐 가로되

주여 그러하외다 주는 그리스도시요 세상에 오시는 하나님의 아들이신줄 내가 믿나이다.

　예수님은 마르다에게 나는 부활이요 생명이니 나를 믿는 자는 죽어도 살겠고 무릇 살아서 나를 믿는 자는 영원히 죽지 아니한다고 말씀하고 있습니다. 예수님께서 하신 이 말씀은 나는 하나님의 생명으로 부활된 부활체이며 영원한 생명을 소유하고 있는 하나님의 아들이라 말씀하신 것으로 생각할 수도 있습니다. 그런데 이 말씀의 진정한 뜻은 나는 죽은 자를 부활시키는 자이며 하나님의 영원한 생명을 주는 자라는 의미로 말씀하신 것입니다. 왜냐하면 예수님은 죄인들의 죄를 사해주고 죽은 영혼들을 살려서 하나님의 아들로 거듭나게 하시는 분이시기 때문입니다.

　그러므로 예수님은 마르다에게 네가 이러한 나를 믿는다면 지금 죽어있다 해도 살아날 것이며 살아서 나를 믿는 자는 영원히 죽지 않는다는 뜻으로 말씀하신 것입니다. 때문에 예수님은 마르다에게 네가 나를 이렇게 믿느냐고 물으신 것입니다. 이에 마르다는 주여 그렇습니다. 주는 그리스도시요 세상에 오시는 하나님의 아들이신줄 내가 믿는다고 말하고 있는 것입니다.

그런데 예수님은 현재 부활된다는 것을 믿느냐고 물으신 것인데 마르다는 오늘날 기독교인들처럼 사후의 부활을 믿는다고 말하고 있는 것입니다.

　이렇게 예수님이 말씀하시는 현재의 부활은 믿지 않고 사후에 몸이 부활될 것을 믿고 있는 것입니다. 때문에 오늘날 기독교가 지금까지 주장하는 부활도 죽은 몸이 다시 사는 몸의 부활인데 이들이 몸의 부활을 주장하는 교리적 근거는 사도신경입니다. 왜냐하면 사도신경에 분명히 몸이 다시 사는 것과 영원히 사는 것을 믿는다고 기록되어 있기 때문입니다.

　오늘날 기독교인들은 지금도 예배를 드릴 때 마다 사도신경을 통해서 몸이 다시 사는 것과 영원히 사는 것을 믿는다고 고백을 하고 있습니다. 이 때문에 기독교인들은 얼마 전까지만 해도 시신을 화장하지 않고 매장을 고집하고 있었는데 그 이유는 마지막 때 주님이 오시면 죽은 몸이 다시 부활된다는 믿음 때문입니다.

　그런데 만일 기독교인들이 죽은 몸을 화장해버리면 주님이 오실 때 부활할 몸이 없기 때문에 부활을 할 수 없는 것입니다. 이 때문에 기독교인들은 시신을 보존하기 위해서 화장을 하지 않았는데 얼마 전부터 기독교인들도 화장을 하고 있습니다. 왜 그럴까? 그 이유는 사도신경이 갑자기 바뀐 것이 아니라 목사님들께서 이제는 시대가 바뀌어 죽은 몸만 다시 사는 것이 아니라 화장한 뼈 가루도 부활이 되어 다시 살 수 있다고 교인들을 설득하고 있기 때문입니다. 그러면 뼈 가루를 강이나 산에 뿌려 물고기 뱃속에 들어가 있거나 가루까지 이미 산화되어 아무 흔적도 없는 사람들은 무엇이 부활될까? 문제는 오늘날 목회자들이 성경이 말하는 죽은 자들과 마지막 때 그리고 주님이 어떻게 오시는지를 전혀 모르고 있다는 것입니다.

성경은 사람의 육신이 죽은 것을 죽은 것이라 말하지 않고 영(성령)이 없는 몸이 죽은 것이라 말하고 있으며 주님이 오시는 마지막 때도 시대적 종말을 말하는 것이 아니라 개인의 종말을 말하고 있습니다.

[야고보서 2장 26절] 영혼이 없는 몸이 죽은 것같이 행함이 없는 믿음은 죽은 것이니라.

상기의 말씀이 한글성경에는 영혼(프쉬케)이 없는 몸이 죽은 것이라고 기록되어 있는데 원문성경에는 영혼(프쉬케)이 아니라 분명히 영(프뉴마)이라 기록되어 있습니다.

이렇게 성경은 영혼이 없는 몸이 죽은 것이 아니라 영(성령)이 없는 몸, 즉 하나님의 영(생명)이 없는 자를 죽은 자라 말씀하고 있습니다. 이렇게 성경이 말하는 죽은 자는 육신이 죽은 자를 말하는 것이 아니라 하나님의 생명이 없는 자를 죽은 자라 말하고 있습니다.

그러면 예수님은 죽은 자를 어떻게 말씀하시는지 마태복음 8장을 통해서 알아보기로 하겠습니다.

[마태복음 8장 21~22절] 제자 중에 또 하나가 가로되 주여 나로 먼저 가서 내 부친을 장사하게 허락하옵소서 예수께서 가라사대 죽은 자들로 저희 죽은 자를 장사하게 하고 너는 나를 좇으라 하시니라.

상기의 말씀을 보면 예수님께서 어떤 자를 죽은 자라고 말씀하시는지 분명히 알 수 있습니다. 왜냐하면 예수님께서 지금 죽은 부친을 장사하려는 사람들을 죽은 자들이라 분명히 말씀하고 있기 때문입니다.

예수님께서 지금 죽은 사람을 장사 지내려하는 살아 있는 사람들을 죽은 자라고 말씀하시는 것은 이들 안에 영혼은 존재하나 하나님의 영이 없기 때문에 하신 말씀입니다.

이렇게 성경이 말하는 죽은 자는 육신이 죽은 자를 말하는
것이 아니라 하나님의 영(생명의 말씀)이 없는 자들을 죽은
자라 말씀하고 있습니다. 이 때문에 성경이 말하는 죽은 자
들의 부활도 죽은 육신이 다시 사는 것을 말하는 것이 아니
라 죽은 영혼이 하나님의 영으로 다시 사는 것을 말하고 있
습니다.

그러면 마지막 때, 즉 주님이 오시는 때는 어느 때를
말하는 것일까? 성경에서 말하는 주님이 오시는 마지막 때
는 시대적인 마지막 때, 즉 세상이 끝나는 세상의 종말이
아니라 개인의 종말, 즉 세상의 육적 존재와 혼적 존재가
죽고 하나님의 생명으로 거듭나기 직전을 마지막 때라 말
씀하고 있습니다. 즉 애굽의 육적인 존재와 광야의 혼적 존
재가 죽고 가나안의 존재가 하나님의 생명으로 거듭나기
직전을 말세 혹은 종말이라 말하며 이때가 바로 주님이 오
시는 때입니다. 이렇게 성경은 육적 존재와 혼적 존재가 하
나님의 말씀에 의해서 완전히 죽는 때를 마지막 때라 말하
며 이때가 곧 주님이 오시는 때라 말합니다.

이와 같이 성경은 죽은 자나 마지막 때 그리고 주님이
오시는 것을 모두 영적인 의미로 말씀을 하고 있습니다. 그
런데 육신에 속한 애굽의 기독교인들은 성경에 기록된 영

적인 말씀들을 모두 육신의 눈으로 보고 지금도 죽은 자의 몸이 다시 산다고 몸의 부활을 주장하고 있습니다. 그러나 죽은 몸이 다시 사는 몸의 부활은 현생이나 사후에도 없고 성경에도 없다는 것을 알아야 합니다. 그러므로 오늘날 기독교인들은 하나님께서 성경이나 예수님을 통해서 말씀하신 영적인 부활을 올바로 알고 모두 부활이 되어야 합니다.

성경이 말하는 부활은 죽은 육신이 다시 사는 부활을 말하는 것이 아니라 사람의 영혼이 하나님의 영, 즉 하나님의 생명으로 거듭나는 영적 부활을 말하고 있습니다.

또한 성경이 말하는 부활은 사람이 죽은 후에 다시 사는 사후의 부활이 아니라 사람이 살아있는 동안 현생에서 다시 사는 현재의 부활을 말하고 있습니다. 즉 현생에서 사람의 몸속에 들어 있는 혼(프쉬케)이 하나님의 영(프뉴마)으로 거듭나서(부활) 하나님의 아들이 되는 것을 부활이라 말합니다. 이렇게 하나님의 생명으로 거듭난 자는 육신의 죽음과 관계없이 영원히 산 자라 말씀하고 있습니다.

그런데 기독교인들은 지금도 사람의 영혼이 하나님의 영으로 거듭나는 영의 부활을 말하는 것이 아니라 죽은 육신이 다시 사는 몸의 부활을 주장하고 있으며 또한 부활도 현생에서 되는 것이 아니라 사후에 부활이 된다고 주장하고 있습니다.

　기독교인들이 사후의 부활을 강력히 주장할 수밖에 없는 이유는 지금까지 현생에 부활된 사람이 없고 또 앞으로도 죽은 육신이 다시 살아나는 몸의 부활은 있을 수 없기 때문입니다. 왜냐하면 예수님이 부활하신지 이천년이 지나도록 기독교인들 중에는 현생에 부활된 사람은 물론 죽은 사람들 가운데도 아직까지 죽은 몸이 부활된 사람은 단 한 사람도 없었기 때문입니다. 그런데도 불구하고 기독교는 지금도 부활의 종교라 큰 소리치고 있는 것입니다.

　오늘날 기독교회는 죽은 자 가운데서 부활되신 분은 오직 이천년 전에 오셨던 예수님 한 분 뿐이라 말하고 있습니다. 그런데 성경은 부활된 사람이 여러 명이라 말씀하고 있으며 지금도 죽은 자들이 부활되고 있다고 말씀하고 있습니다. 이러한 사실은 고린도전서 15장 12절 이하의 말씀에 분명하게 기록되어 있습니다. 그러면 고린도전서에 기록된 말씀을 통해서 죽은 자들의 부활을 어떻게 말씀하고 있는지 알아보기로 하겠습니다.

　[고린도전서 15장 12~21절] 그리스도께서 죽은 자(들) 가운데서 다시 살아나셨다 전파되었거늘 너희 중에서 어떤이들은

어찌하여 죽은 자(들) 가운데서 부활이 없다 하느냐 만일 죽은 자(들)의 부활이 없으면 그리스도도 다시 살지 못하셨으리라 그리스도께서 만일 다시 살지 못하셨으면 우리의 전파하는 것도 헛것이요 또 너희 믿음도 헛것이며 또 우리가 하나님의 거짓 증인으로 발견되리니 우리가 하나님이 그리스도를 다시 살리셨다고 증거하였음이라 만일 죽은 자(들)가 다시 사는 것이 없으면 하나님이 그리스도를 다시 살리시지 아니하셨으리라 만일 죽은 자(들)가 다시 사는 것이 없으면 그리스도도 다시 사신 것이 없었을 터이요 그리스도께서 다시 사신 것이 없으면 너희의 믿음도 헛되고 너희가 여전히 죄 가운데 있을 것이요 또한 그리스도 안에서 잠자는 자(들)도 망하였으리니 만일 그리스도 안에서 우리의 바라는 것이 다만 이생 뿐이면 모든 사람 가운데 우리가 더욱 불쌍한 자리라 그러나 이제 그리스도께서 죽은 자(들) 가운데서 다시 살아 잠자는 자들의 첫 열매가 되셨도다 사망이 사람으로 말미암았으니 죽은 자(들)의 부활도 사람으로 말미암는도다.

상기의 말씀은 사도바울이 죽은 자 가운데서 다시 살아나신 예수님에 대해서 자세히 말씀하고 있습니다. 그런데 오늘날 기독교인들은 이상하리만치 이 말씀을 아무런 의심

없이 그대로 믿고 받아들이고 있습니다. 왜냐하면 사도바울은 예수님이 십자가에서 돌아가실 때는 바리새파의 골수분자로 예수를 핍박하는 자였으며 예수님이 무덤에서 부활하실 때는 무덤 근처에도 없었는데 예수님의 부활을 자신이 목격한 것과 같이 자세히 말씀하고 있기 때문입니다. 이렇게 사도바울은 예수님이 죽은 자 가운데서 다시 살아나는 부활을 보지 못했음에도 불구하고 본 것처럼 거짓증거를 하고 있습니다.

만일 사도바울이 예수님의 부활을 보지 못하고 거짓으로 증거하고 있다면 사도바울이 기록한 서신서 역시 모두 거짓일 수밖에 없습니다. 그런데 이러한 사건은 사도바울뿐만 아니라 마태와 누가도 복음서를 통해서 마리아의 몸에 성령이 잉태하여 예수를 낳는 모든 과정을 자신들이 본 것처럼 기록하고 있다는 것입니다. 왜냐하면 마리아의 몸에 성령이 잉태되어 예수님이 태어날 당시에 마태와 누가는 예수님의 제자가 아닌 것은 물론 예수님이 누구인지도 몰랐기 때문입니다. 그런데도 불구하고 예수님이 잉태하는 사건을 옆에서 지켜본 사람처럼 기록한 것입니다.

오늘날 기독교인들은 이러한 말씀들을 지금까지 아무런 의심도 하지 않고 그대로 믿고 있다는 것입니다. 문제는 이렇게 예수님에게 일어났던 불가사의한 사건들은 모두 영적인 사건들이기 때문에 영적인 눈이 없으면 볼 수 없고 알수도 없다는 것입니다. 때문에 기독교인들은 예수님에게 일어났던 이러한 기이한 사건들을 무조건 믿을 수밖에 없는 것입니다. 오늘날 기독교인들은 예수님에게 일어났던 이러한 일들이 모두 육적인 사건이 아니라 영적으로 일어난 사건이라는 것을 전혀 모르고 있습니다.

마태와 누가가 예수님의 잉태 사건을 직접 목격한 것처럼 기록할 수 있었던 것은 예수님의 잉태사건이 자신들에게도 동일하게 일어났기 때문입니다. 즉 마리아의 몸에 성령이 잉태하여 아들을 낳은 것과 같이 마태와 누가의 몸에도 성령이 잉태되어 죽은 몸이 다시 살아(거듭남)나 하나님의 아들로 나타나게 된 것입니다.

지금까지 하나님의 영이 없었던 마태와 누가의 몸에 예수님의 영(생명의 말씀)이 잉태되어 예수님과 같이 하나님의 아들로 나타나게 된 것입니다. 이렇게 예수님에게 일어났던 성령의 잉태 사건이 바로 마태와 누가에게 동일하게 일어난 것입니다. 이 때문에 마태와 누가는 예수님의 잉태 사건을 자신들이 직접 본 것같이 기록할 수 있었던 것입니다. 이와 같이 예수님의 부활 사건을 보지도 못한 사도바울이 직접 목격한 사람들 보다 더 확실하게 기록할 수 있었던 것은 예수님의 부활이 자신 안에서 일어났기 때문입니다.

사도바울이 본문을 통해서 말씀하고 있는 죽은 자 가운데서 살아나신 분은 예수님이 아니라 바로 사도바울 자신이라는 것입니다. 즉 예수님이 죽어있는 사울(죽은 자) 안에 들어 오셔서 부활하시므로 말미암아 바울(산 자)로 다시 태어났다는 것입니다. 이렇게 본문에서 말씀하고 있는 죽은 자 가운데서 살아나신 분은 예수님이 아니라 바로 사도바울을 말하고 있습니다.

이 때문에 사도바울은 예수님의 부활을 직접 목격한 막달라 마리아보다 더 자세히 말씀을 하고 있는 것입니다. 이제 본문 말씀을 살펴보겠습니다. 상기의 말씀에 그리스도께서 죽은 자 가운데서 다시 살아나셨다고 기록된 '죽은 자' 는 원문성경에 단수가 아니라 죽은 자들로 모두 복수로 말씀하고 있습니다. 이 말씀은 예수그리스도께서 죽은 자 가운데서 자신만 홀로 살아나셨다는 말이 아니라 예수님이 죽은 자들 가운데서 부활하심으로 말미암아 여러 사람이 함께 살아났다는 뜻입니다.

예수님이 죽은 자들 가운데서 부활하심으로 말미암아 함께 살아난 자들은 곧 예수님의 제자들을 말하고 있습니다. 이렇게 예수님이 다시 살아나신 곳은 예수님의 제자들 몸 안이며 따라서 예수로 말미암아 다시 살아난(영체로 거듭난 것) 제자들이 바로 예수님의 부활체들입니다.

때문에 예수님이 부활하신 무덤도 예수님의 시신이 장사된 돌무덤이 아니라 죽은 제자들의 몸을 말하고 있는 것입니다. 이것은 다음 말씀을 보면 확실하게 알 수 있습니다.

[마태복음 27장 51~53절] 이에 성소 휘장이 위로부터 아래까지 찢어져 둘이 되고 땅이 진동하며 바위가 터지고 무덤들이 열리며 자던 성도의 몸이 많이 일어나되 예수의 부활 후에 저희가 무덤에서 나와서 거룩한 성에 들어가 많은 사람에게 보이니라.

상기의 말씀에 바위가 터져 열린 무덤은 곧 자던 성도들의 몸을 말하는데 잠들어 있던 여러 성도들은 바로 예수님의 열두 제자를 비유하여 말씀한 것입니다.

예수님이 십자가에서 돌아가실 때 성소 휘장이 위로부터 아래까지 찢어져 둘이 되었다는 것은 예수님의 제자들이 예수님의 말씀에 의해서 위에서부터 아래까지 완전히

죽을 때 혼과 영이 분리되어 영적 존재로 다시 살아(부활)
났다는 뜻입니다. 바위가 터지며 무덤들이 열려서 자던 성
도들의 몸이 많이 일어났다는 것은 예수님(말씀)이 죽은 제
자들 안에서 부활(바위가 터짐) 될 때 죽은 제자들(잠들어
있던 자들)이 영안이 열려(깨어남) 하나님의 아들로 거듭났
다는 뜻입니다.

때문에 예수님이 부활된 후에 무덤에서 나와 거룩한 성
에 들어가 많은 사람에게 보인 자들은 곧 예수님의 사도들
을 말하는 것입니다. 이렇게 예수님이 부활하여 하나님의
아들로 거듭난 사도들은 하나님의 거룩한 백성들에게 가서
자신들을 보이며 예수님이 부활하셨다고 증거를 한 것입니
다. 이렇게 본문은 예수님 자신이 살아나신 것이 아니라 죽
은 자들(제자들) 가운데서 예수님이 살아나셨다고 말씀하
고 있습니다. 왜냐하면 예수님은 하나님의 영원한 생명을
소유하신 분으로 죽을 수 없고 다시 부활할 필요도 없는 하
나님의 아들이기 때문에 예수님이 다시 부활했다는 것은
어불성설입니다.

이렇게 예수님께서 죽은 제자들 가운데서 부활하심으
로 말미암아 속히 오신다는 약속대로 당시에 예수님을 찌
른 자도 볼 수 있게 속히 오신 것입니다. 그런데 안타깝게

도 유대인들이 초림예수를 모르고 이단으로 배척을 하며 죽인 것처럼 제자들 안에 부활하셔서 다시 오신 재림 예수, 즉 예수님의 열두 사도들도 이단자로 배척을 하며 모두 죽인 것입니다. 그러나 사랑이 많으신 하나님께서는 죄 가운데서 죽어가는 영혼들을 구원하기 위해서 지금도 예수님의 부활체들을 낳고 낳고의 역사를 통해서 끊임없이 구원자로 보내주시고 계십니다.

왜냐하면 예전이나 지금이나 살아 계신 구원자(예수)가 없다면 하나님의 백성들을 구원할 수가 없기 때문입니다. 그런데 불행하게도 유대인들이 구원자로 보내주신 예수를 배척한 것처럼 오늘날 기독교인들도 오늘날 부활되어 오시는 재림예수를 한결같이 이단으로 배척을 하며 핍박을 하고 있는 것입니다. 이렇게 죽은 자들 가운데서 부활하여 오시는 예수님은 사도들의 몸으로 그리고 디모데와 디도의 몸으로 이어져 오면서 지금도 또 다른 사람의 몸을 입고 오셔서 존재하고 계십니다. 이 때문에 하나님께서 이렇게 말씀하고 계십니다.

[요한 일서 4장 3절] 예수를 시인하지 아니하는 영마다 하나님께 속한 것이 아니니 이것이 곧 적그리스도의 영이니라 오리

라 한 말을 너희가 들었거니와 이제 벌써 세상에 있느니라.

상기의 말씀에서 예수를 시인하지 않는 영은 하나님께 속한 것이 아니라는 말씀은 오늘날 육체로 오신 예수를 시인하지 않는 자들의 말씀, 즉 오늘날 사람의 육체 안에 오셔서 계신 예수를 부인하는 자들의 말씀은 적그리스도에 속한 말씀이라는 뜻입니다. 즉 예수님께서 다른 육체를 입고 오셔서 계신 오늘날의 예수를 부정하는 자들은 모두 적그리스도에게 속한 자들이라는 뜻입니다. 이 때문에 이어서 "오리라 한 말을 너희가 들었거니와 이제 벌써 세상에 있다"고 말씀을 하시는 것입니다.

이 말씀의 뜻은 너희가 예수님이 다시 오신다는 말씀을 듣고 재림하실 예수를 기다리고 있으나 예수님은 벌써 이 세상에 오셔서 지금도 계시다는 뜻입니다. 그런데도 불구하고 지금 육체를 입고 오신 예수를 유대인들과 같이 부정을 하며 배척을 하고 있는 것입니다.

오늘날 기독교인들이 오늘날 재림하신 예수를 부인 하는 것은 예수님이 부활하시는 곳(무덤)이나 부활의 영적인 의미를 모르고 또한 예수님이 부활하신 부활체들을 모르고 있기 때문입니다.

이 때문에 고린도전서를 통해 이렇게 말씀하고 있습니다.

[고린도전서 15장 12~13절] 그리스도께서 죽은 자(들) 가운데서 다시 살아나셨다 전파되었거늘 너희 중에서 어떤 이들은 어찌하여 죽은 자(들) 가운데서 부활이 없다 하느냐 만일 죽은 자(들)의 부활이 없으면 그리스도도 다시 살지 못하셨으리라

상기의 말씀은 그리스도께서 죽은 자들 가운데서 이미 다시 살아나셨다고 전파되었는데 너희는 어찌하여 죽은 자들의 부활이 없다고 부정을 하느냐고 책망을 하시는 것입니다. 이 말씀은 예수님께서 죽은 자들 안에서 부활이 되셔서 이미 재림 예수로 와 계신데 어찌하여 너희는 죽은 자들 가운데서 부활하신 재림 예수를 인정하지 않느냐는 뜻입니다.

만일 죽은 자들이 다시 살아나는 부활이 없다면 그리스도도 다시 살지 못하였다고 말씀하고 있습니다. 이 때문에 사도바울은 이어서 이렇게 말씀을 하고 계십니다.

[고린도전서 15장 15~17절] 만일 죽은 재(들)가 다시 사는 것이 없으면 하나님이 그리스도를 다시 살리시지 아니하셨으리라 만일 죽은 재(들)가 다시 사는 것이 없으면 그리스도도 다시 사신 것이 없었을 터이요 그리스도께서 다시 사신 것이 없으면 너희의 믿음도 헛되고 너희가 여전히 죄 가운데 있을 것이요.

　　상기의 말씀은 만일 우리 가운데서 예수가 지금 다시 살아나지 못한다면 하나님께서 전에 오셨던 예수님도 다시 살리지 못하셨다는 뜻입니다. 이 말씀은 하나님께서 오늘날 혹은 지금도 예수를 죽은 자들 가운데서 살리시고 계시기 때문에 하나님께서 전에도 예수님을 죽은 자들 가운데서 살리셨다는 것을 알 수 있고 또한 인정도 할 수 있다는 뜻입니다. 그런데 만일 지금 죽은 자들 가운데서 예수님이 부활하지 않는다면 전에 예수님이 죽은 자들 가운데서 부활하셨다는 것도 믿을 수 없고 인정할 수 없다는 뜻입니다.

　　이 말은 지금도 예수님께서 죽은 자들의 몸에서 부활을 하시기 때문에 전에 예수님이 죽은 자들 가운데서 부활하셨다는 것도 믿을 수 있다는 뜻입니다. 결국 현재 죽은 자들이 살아나는 부활이 없다면 예수님이 전에 죽은 자들 가운데서 부활하셨다는 말도 거짓이라는 것입니다.

이렇게 상기의 말씀은 현재 죽어 있는 자들 속에서 예수님이 지금도 부활하고 있다는 것을 강력하게 말씀을 하고 있는 것입니다. 그런데 더욱 놀라운 말씀은 사망이 사람으로 말미암았으니 죽은 자들의 부활도 사람으로 말미암는다는 말씀입니다.

　[고린도전서 15장 21절] 사망이 사람으로 말미암았으니 죽은 자(들)의 부활도 사람으로 말미암는도다.

　상기의 말씀은 사람을 죽이는 것이 사람이며 죽은 사람들을 살리는 것도 사람이라는 뜻입니다. 이 말은 놀랍게도 사람을 죽이는 것이나 죽은 사람을 살리는 것이 모두 사람에게 달려 있다는 것입니다. 그런데 죽이는 사람은 다른 사람이 아니라 오늘날 육체로 오신 예수를 부인하는 적그리스도 곧 거짓목자와 삯꾼목자이며 살리는 사람은 오늘날 부활된 재림 예수, 즉 참 목자라는 뜻입니다. 여기서 죽은 자를 부활시켜 살리는 사람은 곧 오늘날 말씀이 육신 되어 오시는 인간예수를 말하고 있습니다.
　이 말은 전에 육신을 입고 오셨던 예수님도 사람이며 오늘날 죽은 자들 가운데 부활되어 오시는 재림 예수님도 육신의 몸을 입고 있는 인간예수라는 뜻입니다. 즉 오늘날 죽은 자들을 부활시켜 살리시는 분은 하나님이나 성령님이 아니라 육신의 몸을 입고 있는 사람 예수라는 뜻입니다. 이 때문에 하나님께서 예전이나 오늘날이나 하나님의 백성들을 구원하기 위해서 보내주시는 구원자는 인간예수입니다.

　요한계시록 마지막에 '주 예수여 오시옵소서'라는 말씀으로 마치고 있는데 우리에게 어서 오시라는 이 예수가 바로 인간예수입니다. 그런데 이상하게도 예전의 유대인들이나 오늘날의 기독교인들도 사람의 육신을 입고 오시는 인간 예수를 모르고 불신을 하며 모두 이단으로 배척을 하고 있다는 것입니다. 그러면서 지금도 구름타고 혜성과 같이 나타날 환상적 예수를 꿈꾸며 한도 끝도 없이 기다리고 있습니다. 그러나 구름타고 오시는 예수님은 영원히 오시지 않습니다. 왜냐하면 구름타고 오신다는 예수님은 속히 오신다는 약속대로 이미 말씀이 육신 되어 오셔서 지금 계시기 때문입니다.

　예수님께서 구름타고 오신다는 '구름'은 하늘에 둥둥 떠다니는 구름이 아니라 바로 '생명의 말씀'을 비유로 말씀한 것입니다. 즉 예수님은 예전에 오셨던 모습 그대로 생명의 말씀과 함께 말씀이 육신 되어 우리에게 오신다는 뜻입니다. 그런데 오늘날 기독교인들은 지금까지 구름의 영적인 뜻을 몰라 하늘의 구름만 쳐다보고 재림 예수를 기다리고 있는 것입니다.

　이상과 같이 성경이 말하는 부활은 예수님의 영(생명의 말씀)이 오늘날 하나님의 백성들안에 임하여 하나님의 아들로 거듭나는 것을 말하며 재림예수는 예수님의 영이 죽은 자들 가운데 오셔서 부활(거듭난)된 하나님의 아들을 말씀하고 있습니다. 이렇게 예전에 오셨던 예수님이나 오늘날 부활되어 오시는 재림 예수는 모두 죽어있는 영혼들을 구원하고 살려서 하나님의 아들로 거듭(부활)나게 하는 일을 하고 계십니다. (성경이 말하는 부활이나 거듭남은 동일한 뜻임)

　왜냐하면 예수님이 오셔서 오늘날 기독교인들을 구원하여 살리지 못한다면 예수님은 기독교인들과 아무런 상관이 없고 따라서 예수님의 부활과 상관없이 모두 죽어서 지옥으로 들어가게 되기 때문입니다. 그러므로 이 말씀을 통해서 성경적 부활을 올바로 알게 된 기독교인들은 오늘날 부활되어 오신 인간예수를 믿고 그 입에서 나오는 말씀을 영접하여 모두 사도들과 같이 부활이 되어야 합니다.

　또한 오늘날 인간예수를 통해서 하나님의 아들로 부활

(거듭난)된 자들은 이웃에 죽어가는 영혼들을 구원하고 살리는 재림예수가 되어야 합니다.

이것이 바로 하나님께서 오늘날 기독교인들에게 바라고 원하시는 뜻이며 기뻐하시는 뜻입니다.

무 지

얽힌 삶의
현실이
사슬처럼 묶이어

풀고 또 풀어도
다시 엉키는 까닭은

진실을 모르며
드러나지 않은
정체에 이끌려

어두움을 향해
달려가는 모습이구나

7. 교리적 이단과
성경적 이단

오늘날 기독교인들은
이단을 두려워하고 경계하기 전에
성경이 말하는 이단의 실체는 무엇이며
또한 성경에 나타난 이단자들은 어떤 존재들을 말하는지
확실하게 아는 것이 더 중요하다고 생각합니다.

교리적 이단과 성경적 이단

1. 성경적 이단과 교리적 이단

이단의 문제는 비단 어제나 오늘의 일만이 아니라 예수님 당시부터 있었던 일입니다. 오늘날 이단이라는 사이비 종교와 그에 따른 교주들이 얼마나 많습니까? 때문에 오늘날 기독교인들은 이단이란 말만 들어도 두려워하며 경계를 하고 있습니다. 그런데 오늘날 기독교인들은 이단을 두려워하고 경계하기 전에 성경이 말하는 이단의 실체는 무엇이며 또한 성경에 나타난 이단자들은 어떤 존재들을 말하는지 확실하게 아는 것이 더 중요하다고 생각합니다. 문제는 오늘날 기독교인들이 말하는 이단의 기준과 성경이 말하고 있는 이단의 기준이 전혀 다르다는 것입니다.

오늘날 기독교인들이 말하는 이단의 기준은 성경이 아니라 교회가 만든 각종 교리입니다. 그러므로 이단의 기준은 성경에서 찾아야 하며 반드시 성경적이어야 합니다. 왜냐하면 성경을 기준하지 않거나 성경을 벗어나 함부로 이단이라 정죄를 하는 자들은 모함과 위증의 죄가 가중되어 하나님의 엄한 심판과 더불어 무서운 형벌을 받게 되기 때문입니다. 오늘날 기독교인들이 말하는 이단은 성경적이 아니라 정통신앙에 반대되는 신앙이나 교리에서 벗어난 자들을 말하고 있습니다. 그러면 성경은 어떠한 존재들을 이단이라 말하고 있을까?

성경에 이단이라는 단어는 원문에 '하이레시스'로 기록되어 있으며 그 뜻은 '선택받은 자, 뽑힌 자'라 말하고 있습니다. 그러면 성경적인 이단은 하나님으로부터 선택받은 자들을 말하는데 성경에 하나님으로부터 선택을 받은 자들은 구약성경에는 선지자들이었으며 신약성경에는 예수님과 사도들을 말하고 있습니다. 이 때문에 유대인들이 사도바울을 가리켜 '나사렛(예수) 이단의 괴수'라 말하고 있는 것입니다. (사도행전 24장 5절)

그런데 사울을 기름 부어 사도바울로 세운 분이 바로 예수님이시기 때문에 예수님은 곧 이단의 총수가 되는 것입니다. 왜냐하면 예수님과 사도들은 유대인들이 대대로 지켜오는 유전과 교리가 잘못되었다고 지적하며 질책까지 하고 있기 때문입니다. 이 때문에 예수님과 사도들은 유대인들에게 이단자로 정죄를 받으며 온갖 핍박을 받게 된 것입니다. 이렇게 유대인들이 예수님과 사도들을 이단으로 정죄를 하며 핍박하는 이유는 예수님과 사도들이 전하는

복음(말씀)이 유대교의 교리와 다르기 때문입니다.

　이렇게 오늘날 기독교인들이 믿고 있는 예수님과 사도들은 정통보수라는 유대인들에 의해서 모두 이단으로 정죄되어 죽임을 당하게 된 것입니다. 결국 교리와 전통을 지키고 있는 보수 신앙이 하나님의 말씀을 전하는 예수님과 사도들을 이단자로 정죄를 하여 죽인 것입니다. 이렇게 유대인들의 신앙은 교리와 전통을 중심으로 한 '표적과 기복의 신앙'인 반면에 예수님과 사도들의 신앙은 오직 하나님의 말씀을 중심으로 한 '구원과 생명'이었습니다. 이 때문에 보수라는 전통적 교리신앙이 성경적인 하나님의 아들들을 모두 이단으로 정죄하여 죽인 것입니다.

　그러면 오늘날 전통적 교리신앙을 지키면서 정통보수라고 자부하는 자들은 과연 어느 누구를 말하고 있는가요? 그들은 바로 유대인들과 같이 전통과 교리를 생명처럼 지켜오는 오늘날 기독교인들이 아닌가요? 문제는 오늘날 기독교인들도 유대인들이 예수님과 사도들을 이단으로 몰아 정죄를 하고 핍박을 한 것과 같이 오늘날 교리와 전통신앙에서 벗어나 하나님의 말씀(성경)을 가감 없이 전하며 생명의 좁은 길을 외롭게 걸어가고 있는 소수의 무리들을 이단으로 정죄를 하며 온갖 핍박을 하고 있다는 것입니다.

이들은 그 죄 값이 얼마나 크고 두려운 것인지도 모르면서 말입니다.

　오늘날 기독교인들은 유대인들이 예수님과 사도들을 이단으로 정죄한 그 죄 값으로 그들과 그들의 후손들이 받았던 수많은 고통들을 기억해야 합니다. 유대인들은 예수님과 사도들을 이단으로 정죄하여 죽인 그 죄 값으로 수백년 동안 나라를 잃고 나그네 신세가 되어 유리방황하며 집시처럼 떠돌며 살았고 또한 나치로부터 받았던 수많은 핍박과 고통은 물론 얼마나 많은 유대인들이 가스실로 들어가 무참히 학살을 당했습니까? 이것은 유대인들의 역사를 통해서 우리에게 잘 보여 주고 있습니다.

　이들이 받는 죄 값은 현생만으로 끝나는 것이 아니라 사후에까지 이어진다는 사실을 알아야 합니다. 때문에 오늘날 기독교인들은 신앙이나 말씀이 교리와 좀 다르다는 이유로 함부로 이단으로 판단을 하거나 정죄를 하면 안 됩니다. 만일 이단으로 정죄를 계속한다면 유대인들이 받았던 고통은 물론 지옥문 앞에서 슬피 울며 이를 갈고 있는 자가 바로 자신이 될 수 있기 때문입니다. 결국 성경적인 이단은 하나님의 말씀을 가감하여 만든 교리를 지키고 있는 보수 신앙인들을 말하고 있습니다.

2. 하나님의 아들과 구원자 예수

　이 땅에 죽어가는 죄인들을 구원하기 위해 하나님께서 구원자로 보내주신 하나님의 아들은 예수님입니다. 즉 하나님의 아들은 예수이며 예수는 곧 하나님의 아들이라는 말입니다. 이 때문에 오늘날 기독교인들은 누가 하나님의 아들이라거나 구원자라고 하면 무조건 이단이라고 정죄를 하거나 배척을 하고 있습니다. 이것은 유대인들도 예외가 아니었습니다. 이 때문에 예수님도 하나님의 아들이라는 이유로 유대인들로부터 정죄를 받아 십자가에 매달려 돌아가시게 된 것입니다. 그러나 예수님은 요한복음 10장 35~36절을 통해서 "성경은 폐하지 못하나니 하나님의 말씀을 받은 사람들을 '신'이라 하였거늘 하물며 하나님이 거룩하게 하사 세상에 보내신 자가 나는 하나님의 아들이라 하는 것으로 너희가 어찌 참람하다하느냐"라고 말씀을 하고 있습니다.

　원어성경에 '신'이라는 단어는 '데오스'로 기록되어 있는데 '데오스'는 '하나님'이라는 뜻입니다. 즉 하나님의 말씀을 받은 사람(하나님의 생명을 소유한자)이 곧 하나님(아들)이라는 말입니다. 이렇게 성경이나 예수님은 하나님의 말씀을 받은 자, 즉 하나님으로부터 기름부음을 받은 자는 누구나 하나님 혹은 하나님의 아들이라 말씀하고 있습니다. 그런데 오늘날 기독교인들은 하나님의 아들이라면 확인도 해보지 않고 무조건 이단으로 몰아 배척을 하고 핍박을 하고 있습니다. 그러면서 자신들은 하나님의 아들이라 큰 소리 치는 것입니다. 이렇게 자신들이 아들이라고 큰 소리는 치지만 사실은 아들이 아니라는 것을 말해주는 것입니다. 그러나 하나님의 생명으로 실제 거듭난 자들은 모두 하나님의 아들이며 구원자인 것입니다.

왜냐하면 원어성경에 '구원자'라는 단어가 '예수'로 기록되어 있기 때문입니다. 즉 구원자는 예수이며 예수는 구원자라는 뜻입니다. 이렇게 죽은 영혼을 살리거나 죄인들의 죄를 사해 줄 수 있다면 그가 곧 구원자이며 예수라는 것입니다. 이렇게 성경은 하나님의 생명으로 실제 거듭난 아들들은 모두 예수이며 구원자라 말하고 있습니다. 왜냐하면 하나님의 아들은 죄인들의 죄를 사해 줄 수 있고 죽은 영혼을 살릴 수 있기 때문입니다. 이 때문에 하나님은 성경을 통해서 하나님의 아들인 예수를 믿으라는 것입니다.

이 말은 제사장이나 목사를 믿으라는 뜻이 아니라 오늘날 하나님의 생명으로 실제 거듭난 하나님의 아들을 믿으라는 것입니다. 왜냐하면 제사장이나 목사님들은 죄를 사해줄 수 있는 권세가 없고 또한 죽은 영혼을 살릴 수도 없기 때문입니다.

그럼에도 불구하고 오늘날 기독교인들은 유대인들과 같이 오늘날 구원자로 오신 하나님의 아들들은 무조건 이단으로 정죄를 하고 배척하면서 자기 목사님의 말씀만 믿고 따르는 것입니다. 그러므로 오늘날 기독교인들은 성경을 통해서 하나님께서 구원자로 보내주시는 오늘날의 구원자(하나님의 아들)를 알아야 합니다.

성경은 하나님께서 보내주시는 하나님의 아들에 대해서 자세히 말씀하고 있습니다. 이 때문에 성경을 아는 자는 하나님께서 구원자로 보내주시는 하나님의 아들에 대하여 분명하게 알 수 있습니다. 그런데 아직도 오늘날의 구원자를 모르고 있다면 그것은 곧 성경말씀을 모르고 있다는 증거입니다. 그보다 더 중요한 문제는 오늘날 죄인들을 구원할 수 있는 구원자(예수), 곧 하나님의 아들이 실제 존재하고 있느냐 하는 것입니다.

하나님께서 보내주시는 구원자 예수는 알파와 오메가로서 예전이나 지금이나 앞으로도 영원토록 항상 우리 주변에 계시다는 것을 알아야 합니다. 단지 영안이 없고 성경을 올바로 알지 못해 예수(구원자)가 앞에 와 있어도 보지 못할 뿐입니다.

그러므로 오늘날 기독교인들이 구원을 받아 천국을 가려면 반드시 하나님께서 구원자로 보내주시는 오늘날의 구원자를 믿고 영접해야 합니다. 오늘날의 구원자는 오늘날 하나님의 생명으로 거듭난 하나님의 아들들을 말합니다. 그러므로 오늘날 기독교인들은 하나님께서 기름 부어 보내주시는 이 시대의 구원자를 구하고, 찾고, 두드려야 합니다. 그러면 하나님께서 반드시 이 시대의 구원자를 보내주실 것입니다.

오늘날의 구원자들은 예수님과 사도들이 유대교회 주변을 떠돌았던 것처럼 지금도 기독교인들의 주변을 맴돌며 굳게 닫힌 마음의 문이 열리기를 두드리고 계신다는 것을 알아야 합니다. 이 때문에 너희는 "손님 대접하기를 잊지 말라 이로써 부지중에 천사들을 대접한 이들이 있었느니라"라고 말씀하는 것입니다. (히브리서 13장 2절) 이 말은 천사들, 즉 오늘날의 구원자들이 이미 너희 집을 다녀갔다고 말씀하시는 것입니다. 그러므로 오늘날 기독교인들은 이단을 올바로 알고 오늘날의 구원자를 영접하여 모두 구원을 받아 하나님의 생명으로 거듭나야 합니다. 왜냐하면 예수님을 구원자로 알고 영접한 예수님의 제자들은 구원받아 살았지만 예수님을 모르고 이단으로 배척한 유대인들은 모두 멸망을 받았기 때문입니다.

이제 오늘날 기독교인들은 지금까지 이단을 모르고 함부로 정죄했던 모든 잘못을 하나님 앞에서 회개하고 성경이 말하는 이단(하나님이 택한 자), 곧 하나님의 아들을 영접하여 모두 구원을 받아 하나님의 생명으로 거듭나야 합니다. 만일 오늘날 기독교인들이 하나님의 아들로 실제 거듭난다면 누구나 구원자 곧 예수가 될 수 있습니다. 왜냐하면 하나님의 아들로 실제 거듭나면 하나님께서 죄인들의 죄를 사해줄 수 있고 죽은 영혼을 살릴 수 있는 권한을 주시기 때문입니다.

그러므로 오늘날 기독교인들은 예수를 믿어서 복을 받아 잘 살려고만 하지 말고 하나님의 아들로 거듭나 예수가 되기 위해서 신앙생활을 해야 합니다. 이렇게 기독교인들이 바라는 천국은 예수를 믿는 자들이 들어가는 곳이 아니라 예수를 믿어 하나님의 생명으로 거듭난 아들(예수)들이 들어가는 곳입니다.

이제 하나님께서 택한바 된 성경적 이단을 만나서 올바른 가르침을 받고 하나님의 생명으로 거듭나야 합니다.

예수님은 오늘날 기독교인들이 모두 하나님의 생명으로 거듭나서 하나님이 계신 천국으로 들어오기를 바라며 지금도 기도하고 계십니다.

고무신 한 짝

사랑방 툇마루에
신다 벗어 던진
고무신 한 짝

주인을 기다리는지
아무 말없이 그 자리에
홀로 있구나

주인의 도움 없이는
한 발자욱도
움직일 수 없는 고무신

주인을 기다리는
고무신 한 짝

아무 말없이 그 자리에
기다리고 있구나.

8. 십자가 우편 강도의 믿음

삯꾼목자나 거짓 선지자들에게
영혼을 늑탈당하고 상처받은 양들을
구원하고 보살펴서 하나님의 아들들로 거듭나게 하는
구원자들을 우편강도라 말하고 있습니다.

십자가 우편 강도의 믿음

예수님께서 십자가에 달려 돌아가실 때에 십자가의 좌우에 함께 달려 죽어간 두 강도 중에 구원을 받아 천국으로 간 우편강도를 기독교인이라면 어느 누구나 잘 알고 있을 것입니다. 왜냐하면 죽을 수밖에 없는 죄인들도 예수를 믿기만 하면 구원을 받고 천국에 갈 수 있다는 확실한 근거와 증거가 바로 십자가 우편에 달려있던 강도의 믿음과 구원이기 때문입니다.

목사님들이 바로 이 말씀 때문에 평생 동안 예수님을 믿지 않고 살아서 지옥에 갈 수밖에 없는 영혼들도 운명하기 직전에 예수님을 믿는다고 입으로 시인만 하면 모두 구원받아 천국 갈 수 있다는 생각으로 구원을 시키는 것입니다. 이 때문에 죽어가는 사람이 운명하기 직전 5분의 여유만 있어도 초읽기를 하며 달려가 구원시키고 있습니다. 이렇게 성경 말씀 가운데 우편강도의 믿음과 구원은 기독교인들에게 가장 큰 기쁨과 소망을 주는 말씀이라 할 수 있습니다. 왜냐하면 오늘날 기독교인들이 가장 확실하게 구원받았다고 주장할 수 있고 반드시 천국에 갈 수 있다는 소망과 증거가 바로 우편강도의 믿음과 구원이기 때문입니다.

그러므로 예수님을 믿지 않던 불신자라 해도 운명하기 전에 예수를 믿는다고 입으로 시인만 하면 그 영혼이 구원을 받아 천국으로 갔다고 목사님과 그의 가족들이 모두 기뻐하는 것입니다. 이렇게 구원받기도 쉽고 천국가기도 쉬운데 기독교인들은 무엇 때문에 평생 동안 예수를 믿으면서 그렇게 어렵고 힘들게 신앙생활을 하고 있을까? 만일에 구원을 받는 것이나 천국을 가는 것이 이렇게 쉽다면 불신자들처럼 주일날에 가족이나 친구들과 함께 즐기고 여행도 다니며 또한 주일날 사업도 하면서 행복하게 살다가 죽음 직전에 예수를 믿는다고 시인만 하면 되지 않는가?

이러한 질문을 하면 기독교인들이 교회에 나아가 신앙생활을 열심히 하고 있는 것은 구원을 받으려는 것이 아니라 하나님으로부터 상급 받기 위함이라 말을 합니다. 이렇게 기독교인들은 예수를 믿고 구원은 이미 받았지만 신앙생활을 열심히 해야 천국에 가서 하나님께 큰 상급도 받고 대궐 같은 큰 집에서 잘 살 수 있다고 말합니다.

오늘날 기독교인들은 성경을 통해서 예수님이 말씀하고 있는 구원관이나 하나님이 주시는 상급이나 천국의 실체를 전혀 모르고 있습니다. 또한 구원받은 우편강도가 어떤 존재인지, 그의 믿음이 어떠한 믿음인지 조차도 전혀 모르고 있습니다.

주님께서 성경을 통하여 말씀하고 계신 구원은 첫째 예수님을 믿고, 둘째 예수님의 음성을 듣고, 셋째 하나님의 나라를 보고, 넷째 하나님의 뜻대로 행하여 하나님의 아들로 거듭나는 것을 말합니다. 즉 예수를 믿는 것은 구원의 시작이며 완성이 아니라는 것입니다. 또한 예수님이 말씀하시는 천국은 특정한 장소가 아니라 예수님 자신을 말씀하고 있으며, 예수님과 같이 하나님의 생명으로 거듭난 하나님의 아들들의 세계를 하늘나라라고 말씀하고 있습니다.

그리고 하나님께서 우리에게 주시는 상급이나 상은 세상의 금은보화나 명예가 아니라 생명의 면류관으로써 하나님의 생명을 말하고 있습니다. 즉 하나님께서 주시는 상은 크고, 작고, 좋고 나쁜 것이 아니라 모두가 동일한 하나님의 생명을 말씀하고 있습니다. 그런데 오늘날 기독교인들이 영적인 하늘의 세계를 육신적이거나 물질적인 세계로 오해를 하고 있습니다.

그 이유는 아직 성령으로 거듭나지 못한 자들은 하나님의 말씀을 듣고 보는 것을 모두 육신적인 차원에서 듣고 보고 생각하고 있기 때문입니다. 그러나 진정한 하나님의 백성들이라면 하나님은 영이시라는 것과 하나님의 모든 말씀

역시 영적인 말씀이라는 것을 알아야 합니다. 예수님께서 유대인들에게 너희는 귀가 있어도 듣지 못하고 눈이 있어도 보지 못한다고 말씀하신 이유는 하나님의 영적인 말씀은 하나님의 생명으로 거듭난 자들만이 듣고 볼 수 있다는 뜻에서 하신 말씀입니다. 이 때문에 예수님께서 유대인들에게 하나님의 나라와 영적인 말씀들을 전할 때 모두 비사와 세상의 비유를 들어서 말씀하신 것입니다.

이와 같이 십자가 우편에 달린 우편강도의 믿음은 영적인 눈으로 바라보지 않으면 절대로 이해할 수가 없습니다. 오늘날 기독교인들은 십자가의 우편강도나 좌편강도를 단순히 세상의 강도로만 생각하고 있습니다. 그러나 성경이 말하고 있는 강도는 세상의 물질을 탈취하는 자를 말하는 것이 아니라 영혼을 탈취하는 자들을 말하고 있습니다.

즉 성경이 말하는 강도는 하나님의 양들을 늑탈하는 삯꾼목자나 하나님의 백성들을 미혹하고 있는 거짓 선지자들입니다. 이 때문에 예수님도 영혼을 탈취하여 죽이고 있는 삯꾼목자나 거짓 선지자들에게 절도요 강도라고 말씀하신 것입니다. 왜냐하면 이들은 교인들을 천국으로 인도하는 것이 아니라 배나 더 지옥자식을 만들고 있기 때문입니다.

[마태복음 23장 13~15절] 화 있을찐저 외식하는 서기관들과 바리새인들이여 너희는 천국 문을 사람들 앞에서 닫고 너희도 들어가지 않고 들어가려 하는 자도 들어가지 못하게 하는도다 화 있을찐저 외식하는 서기관들과 바리새인들이여 너희는 교인 하나를 얻기 위하여 바다와 육지를 두루 다니다가 생기면 너희보다 배나 더 지옥 자식이 되게 하는도다.

상기의 서기관과 바리새인들은 오늘날 삯꾼목자와 거짓 선지자들을 말합니다. 이들은 하나님의 백성들을 각종 교리로 미혹하여 천국으로 가는 길을 막고 있습니다. 이들은 자신들도 천국이나 가나안 땅은 물론 출애굽하여 광야도 들어가 보지 못한 자들입니다. 이러한 삯꾼목자나 거짓 선지자들은 천국의 실체나 천국으로 가는 길도 모르면서 이신칭의 교리를 만들어 예수를 믿기만 하면 모두 천국으로 들어간다고 거짓증거를 하고 있는 것입니다.

이 때문에 천국으로 들어가야 할 영혼들이 모두 지옥으로 들어가게 되는 것입니다. 성경은 이런 자들을 가리켜 영혼들을 탈취하여 죽이고 있는 좌편강도라 말하고 있습니다. 그러면 우편강도는 무엇을 도적질하는 어떤 강도를 말하는가? 우편강도는 좌편강도(삯꾼목자와 거짓 선지자)들

에게 탈취당해 죽어가는 영혼들을 구원(탈취)하여 하나님
께 인도하는 하나님의 참 목자들을 말합니다. 또한 삯꾼목
자나 거짓 선지자들에게 영혼을 늑탈당하고 상처받은 양들
을 구원하고 보살펴서 하나님의 아들들로 거듭나게 하는
구원자들을 우편강도라 말하고 있습니다.

　　우편강도는 예루살렘에서 여리고로 내려가는 길에 강
도를 만나 상처를 받고 죽어가는 자를 돌보며 구원하는 선
한 사마리아인(예수)과 같은 자들을 말합니다.

　[누가복음 10장 30~37절] 예수께서 대답하여 가라사대 어
떤 사람이 예루살렘에서 여리고로 내려가다가 강도를 만나매
강도들이 그 옷을 벗기고 때려 거반 죽은 것을 버리고 갔더라
마침 한 제사장이 그 길로 내려가다가 그를 보고 피하여 지나
가고 또 이와 같이 한 레위인도 그곳에 이르러 그를 보고 피하
여 지나가되 어떤 사마리아인은 여행하는 중 거기 이르러 그를
보고 불쌍히 여겨 가까이 가서 기름과 포도주를 그 상처에 붓
고 싸매고 자기 짐승에 태워 주막으로 데리고 가서 돌보아 주
고 이튿날에 데나리온 둘을 내어 주막 주인에게 주며 가로되
이 사람을 돌보아 주라 부비가 더 들면 내가 돌아 올 때에 갚
으리라 하였으니 네 의견에는 이 세 사람 중에 누가 강도 만난

자의 이웃이 되겠느냐 가로되 자비를 베푼 자니이다 예수께서
이르시되 가서 너도 이와 같이 하라 하시니라

　　상기의 말씀은 예루살렘에서 여리고로 내려가다가 강
도를 만나 옷을 빼앗기고 매를 맞아 거의 죽어가는 사람을
구원하는 선한 사마리아인의 이야기입니다. 이 말씀에 예
루살렘에서 여리고로 내려가는 사람은 분명히 하나님의 백
성이라는 것을 알 수 있습니다. 그런데 왜 강도(좌편)들이
금품을 탈취하지 않고 한 벌 밖에 없는 옷을 벗기며 때려서
죽게 하는가? 이것은 본문에서 예수님이 말씀하시는 강도
는 세상의 강도가 아니라 영적인 강도(좌편강도), 즉 삯꾼
목자와 거짓 선지자들이라는 것을 말해 주는 것입니다. 때
문에 이들이 빼앗는 옷도 세상의 의복이 아니라 그리스도
의 옷, 즉 하나님의 말씀을 말하고 있습니다.
　　이들은 하나님의 말씀을 가지고 가나안으로 가는 자들
을 공격하여 말씀을 빼앗고 있습니다. 왜냐하면 생명의 말
씀을 소유하고 있는 자들을 살려두면 좌편강도들(삯꾼목자
와 거짓 선지자)의 모든 거짓이 들어나 자신들에게 화가 미
치기 때문입니다.
　　이와 같이 좌편강도들은 우편강도와 우편강도를 따르

는 자들을 이단으로 핍박을 하고 죽이는 것입니다. 결국 예수님과 사도들을 핍박하고 죽이는 제사장들과 바리새인들은 좌편 강도이며 삯꾼목자에게 탈취당한 영혼들을 구원하는 예수님과 사도들은 우편강도라는 것입니다. 이렇게 좌편의 강도와 우편의 강도는 서로 대적을 하는 원수와 같은 입장입니다. 이 때문에 좌편강도들이 우편강도를 찾아가는 자들의 말씀(옷)을 빼앗고 때리는 것입니다.

이어지는 말씀을 보면 강도를 만나 죽어가는 교인을 제사장(목회자)과 레위인(장로)이 외면을 하며 피해서 간다는 것입니다. 그러면 오늘날 교회의 목사님이나 장로님들도 강도를 만나 상처입고 죽어가고 있는 자들을 외면하고 피해간다는 말이 아닌가? 말도 안 된다고 하겠지만 사실이 그렇습니다. 왜냐하면 이러한 일들은 오늘날 기독교 안에서도 동일하게 일어나고 있는 일이기 때문입니다. 본문에서 예루살렘을 떠나 여리고로 내려가는 사람은 세상교회를 벗어나 가나안의 새 예루살렘 성전을 찾아가는 영적인 나그네, 고아, 과부를 말합니다.

이와 같이 오늘날도 참 목자를 찾아가는 교인들을 목사님들은 이단에 빠졌다고 온갖 핍박을 하며 멸시천대를 하고 있습니다. 그러나 선한 사마리아 사람(예수)은 이렇게 강도를 만나 죽어가는 자에게 기름(성령)과 포도주(말씀)를 상처에 붓고 싸매며 끝까지 돌보아 주는 것을 볼 수 있습니다. 그런데 사마리아인이 소유하고 있는 기름은 성령을 말하며 포도주는 하나님의 말씀을 말하고 있습니다.

이와 같이 우편강도는 예수님과 사도들과 같이 좌편강도들에게 탈취당한 영혼들을 구원하여 살리는 목자를 말하며 좌편강도는 천국으로 가려는 영혼들을 가로막고 배나 지옥 자식을 만들고 있는 자들을 말합니다. 이제 성경 말씀을 통하여 우편강도와 좌편강도에 대하여 자세히 살펴보기로 하겠습니다.

[누가복음 23장 32~43절] 또 다른 두 행악자도 사형을 받게 되어 예수와 함께 끌려 가니라 해골이라 하는 곳에 이르러 거기서 예수를 십자가에 못 박고 두 행악자도 그렇게 하니 하나는 우편에, 하나는 좌편에 있더라 이에 예수께서 가라사대 아버지여 저희를 사하여 주옵소서 자기의 하는 것을 알지 못함이니이다 하시더라 저희가 그의 옷을 나눠 제비 뽑을째 백성은 서서 구경하며 관원들도 비웃어 가로되 저가 남을 구원하였으니 만일 하나님의 택하신 자 그리스도여든 자기도 구원할찌어다 하고 군병들도 희롱하면서 나아와 신 포도주를 주며 가로되

네가 만일 유대인의 왕이어든 네가 너를 구원하라 하더라 그의 위에 이는 유대인의 왕이라 쓴 패가 있더라 달린 행악자 중 하나는 비방하여 가로되 네가 그리스도가 아니냐 너와 우리를 구원하라 하되 하나는 그 사람을 꾸짖어 가로되 네가 동일한 정죄를 받고서도 하나님을 두려워 아니하느냐 우리는 우리의 행한 일에 상당한 보응을 받는 것이니 이에 당연하거니와 이 사람의 행한 것은 옳지 않은 것이 없느니라 하고 가로되 예수여 당신의 나라에 임하실 때에 나를 생각하소서 하니 예수께서 이르시되 내가 진실로 네게 이르노니 오늘 네가 나와 함께 낙원에 있으리라 하시니라.

상기의 말씀에 좌편강도는 예수를 고소하여 십자가에 매달아 죽이려는 유대인들의 대제사장들과 서기관들과 군병들을 비유하여 말씀하신 것입니다. 이들은 예수의 죄를 찾지 못하여 놓아주려는 빌라도에게 살인자인 바라바는 놓아주고 죄가 없으신 예수는 십자가에 못 박아 죽이라고 선동까지 하며 외치고 있는 자들입니다.

무엇 때문에 하나님을 믿고 섬기는 유대인의 제사장들(목회자들)이 살인한 죄인은 용서하고 하나님의 일만을 행한 예수는 죽이려고 합니까? 그 이유는 바라바는 세상을 요란케 하는 자이지만 예수는 유대인들의 신앙을 요란케 하는 자이기 때문입니다.

예수님께서 참 빛으로 이 세상에 오셔서 어두운 세상을 밝힐 때 그 동안 감추어져 있던 유대교의 거짓이 드러나고 제사장들의 비리와 죄성이 모두 드러난 것입니다. 이 때문에 유대인들은 바라바보다 예수를 죽일 수밖에 없는 것입니다. 만일 예수를 살려주면 유대교와 제사장들의 각종 비리가 드러나 막대한 피해를 입게 되는 것입니다.

이렇게 유대인들에게 예수는 살인을 한 강도보다 몇 배나 더 악한 존재이며 사탄보다 더 흉악한 존재입니다. 그러면 본문에서 말하는 우편강도는 어떠한 강도인가? 유대인의 대제사장들이나 서기관들은 예수님이 의인이라는 것조차 모르고 비방하며 조롱을 하고 있지만 우편강도는 평소에 하나님을 두려워하며 예수님을 믿고 따르는 자였으며 또한 그동안 예수님이 행하신 의로운 일을 이미 알고 있는 자입니다.

이 때문에 우편강도는 예수님께서 이 세상에 죄인들을 구원하려고 오신 하나님의 아들이라는 것을 알고 예수님을 향해 당신이 낙원에 이를 때 나도 함께 낙원에 이르게 해 달라고 간구하고 있는 것입니다. 만일 우편강도가 세상의 일반적인 강도라면 유대인들이나 대제사장들도 모르고 있는 예수님을 어떻게 알고 있으며 또한 예수님이 의인이라는 것과 낙원에 이르게 할 수 있는 구원자라는 것을 어떻게 안단 말인가? 이와 같이 우편강도는 십자가상에서 죽기 직전에 순간적으로 예수를 믿고 구원을 받은 것이 아니라 지금까지 하나님과 예수님을 믿으면서 예수님의 모든 행적을 따라서 하나님의 일을 열심히 행하고 있었던 하나님의 종입니다.

예수님은 이러한 우편강도의 믿음과 신앙을 이미 아셨기 때문에 우편강도를 낙원에 이르도록 허락하신 것입니다. 이와 같이 하나님의 우편에 있는 강도들은 하나님의 뜻에 따라 하나님의 일을 행한 예수님이나 사도들과 같은 존재들을 말하고 있습니다. 그런데 이러한 말씀의 깊은 뜻도 모르면서 우편강도는 죽기 직전에 예수를 믿어 구원받아 천국에 갔다고 강조하며 어느 누구나 예수를 믿기만 하면 모두 구원을 받아 천국 간다고 말하면 그것이 곧 거짓증거요 그런 자들이 바로 오늘날의 좌편강도라는 것입니다.

이제 예수님께서 다른 비유로 말씀하신 좌편강도와 우편강도에 대하여 마태복음을 통해서 알아보기로 하겠습니다.

[마태복음 22장 16~22절] 자기 제자들을 헤롯 당원들과 함께 예수께 보내어 말하되 선생님이여 우리가 아노니 당신은 참되시고 참으로써 하나님의 도를 가르치시며 아무라도 꺼리는 일이 없으시니 이는 사람을 외모로 보지 아니하심이니이다 그러면 당신의 생각에는 어떠한지 우리에게 이르소서 가이사에게 세를 바치는 것이 가하니이까 불가하니이까 한대 예수께서 저희의 악함을 아시고 가라사대 외식하는 자들아 어찌하여 나를 시험하느냐 셋돈을 내게 보이라 하시니 데나리온 하나를 가져왔거늘 예수께서 말씀하시되 이 형상과 이 글이 뉘 것이냐 가로되 가이사의 것이니이다 이에 가라사대 그런즉 가이사의 것은 가이사에게, 하나님의 것은 하나님께 바치라 하시니 저희가 이 말씀을 듣고 기이히 여겨 예수를 떠나가니라

상기의 말씀은 바리새인들이 예수를 올무에 걸리게 하려고 시험하는 장면입니다. 바리새인들은 예수님에게 가이사에게 세를 바쳐야 하느냐 바치지 말아야 하느냐를 묻고 있습니다. 이 질문에 예수님은 셋돈인 데나리온을 가져오라고 하여 이 글과 형상이 뉘 것이냐고 바리새인들에게 묻습니다. 이에 바리새인들이 가이사의 것이라고 대답을 합니다.

이때 예수님께서 말씀하시기를 가이사의 것은 가이사에게 드리고 하나님의 것은 하나님께 드리라고 말씀하십니다. 이 말씀은 예수님께서 하나님의 백성을 데나리온으로 비유하여 말씀하신 것인데 비록 하나님의 백성이라 하여도 그 안(심비)에 가이사의 글이 기록되어 있고 외적 형상도 가이사의 형상과 같이 만들어진 자들은 마땅히 가이사에게 드려져야 하며 하나님의 백성 중에 하나님의 글(하나님의 말씀)이 그 심비에 기록되어 있고 외적 형상도 하나님의 형상으로 형성된 자는 하나님의 것이니 하나님께 드리라는 말씀입니다.

　이상의 말씀과 같이 하나님의 백성을 가이사의 글(각종 교리)로 기록하여 가이사의 형상으로 만드는 자들은 좌편강도이며 하나님의 글(하나님의 말씀)을 통하여 하나님의 형상을 만들고 있는 존재들은 우편강도라는 것입니다.

　이상과 같이 좌편강도는 하나님의 백성을 탈취하여 그 안에 가이사의 글(비 진리)을 기록하여 가이사의 형상을 만드는 자들이며, 우편강도는 좌편강도들에게 탈취당한 자들을 구원하여 그 안(심비)에 하나님의 글(하나님의 말씀)을 기록하여 하나님의 형상을 만들고 있는 자들입니다.

　이러한 사건은 창세기 14장에 아브람(우편강도)이 그돌

라오멜(좌편강도)에게 약탈당했던 그의 조카 롯과 재물들을 그들과 싸워서 다시 찾아 살렘왕 멜기세덱에게 드리는 사건과 같은 것입니다. 이 사건 속에서 롯과 그의 재산들을 탈취해 가는 그돌라오멜은 좌편강도를 상징한 것이며, 탈취 당한 롯과 그 재산들을 다시 찾아 그 중에 십분의 일을 멜기세덱에게 드리는 아브람은 우편강도로 상징하고 있는 것입니다.

이상의 말씀과 같이 십자가에서 구원받은 우편강도는 세상의 물질을 도적질 하는 강도가 아니라 영혼들을 구원하는 예수님과 사도들과 같은 자들을 비유로 말씀하고 있습니다. 이들이 바로 예수님께서 낙원(천국)에 이를 때에 함께 천국에 이르게 될 자들인 것입니다. 그런데 이러한 사실을 전혀 모르고 우편강도가 십자가 위에서 순간적으로 예수를 믿는다하여 구원을 받아 천국에 갔다고 증거 한다면 하나님께 큰 죄를 범하는 것입니다. 그러므로 하나님의 백성들이 천국에 가려면 하나님 우편에 서서 참 진리를 사수하며 우편강도와 같이 하나님의 일을 감당해야 합니다.

그것은 곧 좌편강도들에게 탈취당한 영혼들을 다시 찾아서 그 영혼들을 하나님의 말씀으로 거듭나게 하여 하나님께 드리는 것입니다. 이것이 곧 하나님께서 원하고 기뻐하시는 일이요 이런 일을 행하는 자들이 바로 하나님 우편에 있는 하나님의 일꾼들입니다.

이상의 말씀과 같이 오늘날 기독교인들도 천국에 가려면 하나님의 참 뜻과 성경적인 구원관을 올바로 알아서 진실된 신앙생활을 해야 합니다.

이렇게 성경적인 구원관을 따라 진실 되고 올바른 신앙생활을 할 때에 우편강도와 같이 모두 구원을 받아 천국에 이를 수 있는 것입니다.

인생무상

욕망에 사로잡혔던
허수아비 인생

시절을 좇아 끌려 다니며
만족하지 못한 생의 바퀴 속에서
늘어진 불평과 불만의 불꽃을 튕기며
불꽃놀이 하던 때가 엊그제

타다만 잿더미 속에
이리저리 뒹굴며 발 끝에 채이다가
작은 불씨 하나 만나서
모두 태워 버리고

이제야 잿가루되어
불어 오는 바람에 흩날리고
욕망의 자취도 그림자도 사라져 버리고
텅 빈 자리에 다가 온
소리 없는 그대 고요하여라

9. 노아의 방주와 대홍수

하나님을 믿는 기독교인들이라면
반드시 노아의 홍수와 방주 속에 감추어진
하나님의 뜻과 영적인 비밀들을
알아야 한다고 생각합니다.

노아의 방주와 대홍수

인류 역사상 가장 비극적인 사건은 하나님께서 타락한 인간들을 청소하듯이 모두 쓸어버린 노아의 홍수라 생각합니다. 그런데 하나님께서 인간들이 무슨 죄를 지었기 때문에 진노하셔서 모두 멸하셨는지 구체적으로 알고 있는 사람이 없는 것은 물론 관심조차 없다는 것입니다. 그러면 사랑과 긍휼이 무한하신 하나님께서 타락한 인간들을 이 지구상에서 짐승들과 함께 모두 멸하셨다는 대홍수 사건은 사실일까? 그리고 노아가 삼층으로 만들었다는 방주는 실제 존재하였나? 아니면 거짓일까? 하는 의구심을 불신자들은 물론 기독교인들도 가지고 있습니다.

기독교인들은 단순히 창세기 6장에 기록된 말씀을 보면서 노아의 시대에 하나님께서 타락한 인간들을 모두 홍수로 멸하셨다는 것을 반신반의 하면서 믿고 있을 뿐입니다. 그러나 해발 수 천미터나 되는 높은 산에서 바다나 강에서만 볼 수 있는 조개나 물고기 화석들이 발견되는 것을 보고 노아의 시대에 대홍수가 있었다는 것이 사실이라는 것을 믿을 수밖에 없었던 것입니다.

그런데 얼마 전에 노아가 제작한 방주가 터키에 있는

해발 4000m나 되는 아라랏산 중턱에서 발견됨으로 하나님께서 부패하고 타락한 인간들을 홍수로 멸하셨다는 것과 그 당시 노아가 방주를 만들었다는 것이 사실로 증명된 것입니다. 그런데 때를 맞춰 영화제작자들이 노아의 홍수 사건을 하나님의 뜻을 벗어나 흥미 본위로 영화를 만들어 상영까지 하고 있는 것입니다.

이 영화는 제작자가 성경에 기록된 하나님의 진정한 뜻을 모르고 흥행 본의로 제작을 하였기 때문에 마치 동화 속에 나오는 이야기와 같아서 이 영화를 관람하는 사람들은 신앙의 도움이 되는 것이 아니라 오히려 혼란과 회의를 느끼게 되는 것입니다.

그러므로 오늘날 기독교인들은 성경에 기록된 노아의 대홍수와 노아의 방주를 통해서 하나님의 진정한 뜻이 무엇인지 알아야 한다고 생각합니다. 그러면 하나님께서 무엇 때문에 하나님께서 땅위에 지으신 인간들을 보시고 마음에 근심과 한탄을 하시며 진노하셔서 인간들을 비롯한 생물들까지 모두 멸하시게 되었을까? 그리고 하나님께서 무엇 때문에 노아에게 방주를 삼층으로 만들라고 하셨으며 또한 노아가 만든 방주는 오늘날 무엇을 말하며 방주에 담긴 영적인 의미는 무엇일까? 그보다 하나님께서 노아의 홍수와 방주를 통해서 오늘날 하나님의 백성들에게 무엇을 교훈하시며 그리고 대홍수 사건을 통해서 우리에게 경고하시는 메시지는 과연 무엇일까? 만일 오늘날 기독교인들이 노아의 대홍수와 방주 속에 담긴 하나님의 뜻이나 영적인 비밀을 모른다면 이 사건은 무의미하며 성경의 역사나 혹은 동화 속에 나오는 이야기로 간주할 수도 있다는 것입니다.

그러므로 하나님을 믿는 기독교인들이라면 반드시 노아의 홍수와 방주 속에 감추어진 하나님의 뜻과 영적인 비밀들을 알아야 한다고 생각합니다.

이제 성경을 통해서 노아의 대홍수와 방주 속에 감추어진 하나님의 비밀에 대해서 알아보기로 하겠습니다.

[창세기 6장 1~7절] 사람이 땅위에 번성하기 시작할 때에 그들에게서 딸들이 나니 하나님의 아들들이 사람의 딸들의 아름다움을 보고 자기들의 좋아하는 모든 자로 아내를 삼는 지라 여호와께서 가라사대 나의 신이 영원히 사람과 함께 하지 아니하리니 이는 그들이 육체가 됨이라 그러나 그들의 날은 일백 이십년이 되리라 하시니라 당시에 땅에 네피림이 있었고 그 후에도 하나님의 아들들이 사람의 딸들을 취하여 자식을 낳았으

니 그들이 용사라 고대에 유명한 사람이었더라 여호와께서 사람의 죄악이 세상에 관영함과 그 마음의 생각의 모든 계획이 항상 악할 뿐임을 보시고 땅위에 사람 지으셨음을 한탄하사 마음에 근심하시고 가라사대 나의 창조한 사람을 내가 지면에서 쓸어버리되 사람으로부터 육축과 기는 것과 공중의 새까지 그리하리니 이는 내가 그것을 지었음을 한탄함이니라 하시니라.

상기의 말씀에 하나님께서 지으신 사람들의 죄악이 세상에 가득하고 사람들의 마음과 생각이 항상 악할 뿐임을 보시고 진노하시어 인간들을 모두 홍수로 쓸어버리게 되었다고 말씀하십니다. 그런데 하나님께서 무엇 때문에 진노하셨는지 그리고 사람들이 범한 죄가 무슨 죄인지는 잘 모르고 있습니다.

하나님께서 타락한 사람들을 보시고 진노하신 이유는 1절에서 3절에 기록되어있습니다. 본문 1절에 "사람이 땅위에 번성하기 시작할 때에" 라는 문장에 '시작' 이라는 단어는 원문에 '하랄' 로 기록되어 있는데 시작이라는 뜻보다 주로 '더럽히다 부패되다' 라는 의미이며 '번성' 이라는 단어는 원문에 '라바브' 로 '많다' 라는 의미이기 때문에 본문의 진정한 뜻은 '많은 사람이 부패하였다' 는 뜻입니다.

그러므로 본문에 '사람이 땅위에 번성하기 시작할 때에 그들에게서 딸들이 나니' 라는 의미가 아니라 '많은 사람들이 부패하여 그들의 딸들을 낳으니' 라는 뜻입니다. 그러므로 본문의 뜻은 하나님의 아들들이 부패한 사람들의 딸들에게서 아름다운 것(좋은 것)을 보고 자기들이 좋아하는 여인으로 아내를 삼게 되었다는 의미입니다.

이것은 영에 속한 하나님의 아들들이 육신(죄인)에 속한 여인들의 아름다운 것(좋은 것)을 보고 미혹되어 그들을 아내로 받아들임으로 하나님께 범죄하여 육에 속한 죄인이 되었다는 뜻입니다. 때문에 하나님께서 범죄하여 육으로 돌아간 하나님의 아들들에게 나의 신은 영원히 육(육체)에 속한 사람과는 함께 하지 않는다고 말씀하신 것입니다. 왜냐하면 영과 육은 곧 기름과 물 같아서 함께 혼합할 수 없듯이 범죄하여 육으로 돌아간 죄인들은 하나님의 영과 영원토록 함께 할 수 없기 때문입니다.

이렇게 하나님의 아들들은 부패한 여인들을 구원하고 살려서 하나님의 아들을 만들어야 함에도 불구하고 오히려 부패하고 음탕한 여인들에게 매혹되어 음녀를 취함으로 마귀의 종이된 것입니다. 이 사건은 아담과 하와가 에덴동산에서 뱀의 미혹을 받아 하나님과 같이 되려고 선악과를 먹고 죄인이 되어 에덴동산에서 쫓겨난 것과 같으며 또한 오늘날 영으로 시작한 목회자들이 세상의 미혹을 받아 육(욕심)으로 돌아간 것과 동일한 사건입니다. 왜냐하면 하나님은 영이신데 오늘날 목회자들이 자기 욕심을 채우기 위해서 영보다 육을 쫓으며 교인들에게도 기복을 강조하여 욕심을 불어 넣고 있기 때문입니다.

이렇게 하나님께서는 다른 죄보다 영적인 간음을 행 한 자는 절대로 용서하지 않으시고 모두 멸하시는 것을 볼 수 있습니다. 하나님께서 소돔과 고모라성을 유황불로 멸망시킨 것도 사람들의 음행 때문이었습니다. 하나님께서는 영에 속한 하나님의 아들들이 음란한 딸들(삯꾼목자들)의 미혹을 받아 아내로 취하여 하나님을 떠난 자들을 홍수를 통해서 모두 쓸어버리신 것입니다. 그럼에도 불구하고 하나님의 백성은 홍수 사건 이후에도 이방여인과 음행을 하고 있는 것을 볼 수 있습니다.

[민수기 25장 1∼9절] 이스라엘이 싯딤에 머물러 있더니 그 백성이 모압 여자들과 음행하기를 시작하니라 그 여자들이 그 신들에게 제사할 때에 백성을 청하매 백성이 먹고 그들의 신들에게 절하므로 이스라엘이 바알브올에게 부속된지라 여호와께

서 진노하시니라 여호와께서 모세에게 이르시되 백성의 두령들을 잡아 태양을 향하여 여호와 앞에 목매어 달라 그리하면 여호와의 진노가 이스라엘에게서 떠나리라 모세가 이스라엘 사사들에게 이르되 너희는 각기 관할하는 자 중에 바알브올에게 부속한 사람들을 죽이라 하니라 이스라엘 자손의 온 회중이 회막문에서 올 때에 이스라엘 자손 한 사람이 모세와 온 회중의 목전에 미디안의 한 여인을 데리고 그 형제에게로 온지라 제사장 아론의 손자 엘르아살의 아들 비느하스가 보고 회중의 가운데서 일어나 손에 창을 들고 그 이스라엘 남자를 따라 그의 막에 들어가서 이스라엘 남자와 그 여인의 배를 꾀뚫어서 두 사람을 죽이니 염병이 이스라엘 자손에게서 그쳤더라 그 염병으로 죽은 자가 이만 사천명이었더라.

상기의 말씀은 이스라엘 백성이 모압 여자들과 음행을 하며 그 여자들이 자기 신들에게 제사할 때에 그들과 함께 제사음식을 먹고 모압 여인들이 섬기는 신들에게 절하므로 이스라엘이 바알브올에게 속하게 된 것입니다.

때문에 여호와께서 진노하시어 모세에게 백성의 두령들을 잡아 태양을 향하여 여호와 앞에 목매어 달아 죽이라고 말씀하시면서 그렇게 하면 여호와의 진노가 이스라엘에게서 떠날 것이라고 말씀하고 있습니다.

　여호와의 말씀을 들은 모세는 이스라엘 사사들에게 너희는 각기 관할하는 자 중에 바알브올에게 속한 사람들을 모두 죽이라고 명하여 모두 죽여 버린 것입니다. 그 후에 이스라엘 자손들이 회막 문에서 나올 때에 이스라엘 사람이 모세와 온 회중의 목전에 미디안의 한 여인을 데리고 그 형제에게로 오는데 제사장 아론의 손자 엘르아살의 아들 비느하스가 미디안의 여인과 함께 오는 것을 보고 회중 가운데서 일어나 손에 창을 들고 그 이스라엘 남자를 따라 그의 막사로 들어가서 이스라엘 남자와 미디안 여인의 배를 꿰뚫어서 두 사람을 죽이니 염병이 이스라엘 자손에게서 그치게 된 것입니다.

　이때 하나님의 백성인 이스라엘자손들이 음행으로 인해 염병으로 죽은 자가 이만 사천명이나 되었다고 말씀하고 있습니다. 이렇게 하나님께서는 하나님의 백성들이 이방여인과 혼음을 하거나 이방신을 섬긴 자들은 절대로 용서하지 않는 것입니다. 이렇게 하나님은 음란을 행한자나 이방신에게 절한 자들은 하나님의 아들이나 천사라도 용서하지 않으시고 지옥에 던져 버리는 것입니다.

　때문에 사랑과 긍휼이 많으신 예수님도 간음에 대해서

엄중히 말씀하고 있습니다.

 [마태복음 5장 27∼28절] 또 간음치 말라 하였다는 것을 너희가 들었으나 나는 너희에게 이르노니 여자를 보고 음욕을 품는 자마다 마음에 이미 간음하였느니라.

 예수님은 유대인들이 간음하는 여인을 현장에서 잡아 돌로 쳐 죽이려고 데리고 온 여인을 구원해주시고 용서해주신 분입니다. 그런데 예수님은 여자와 간음을 하지 않았다 해도 여자를 보고 음욕만 품어도 이미 간음하였다고 말씀하고 있습니다.
 남자들이 이 세상을 살아가면서 아리따운 여인을 보고 음욕을 한번도 느끼지 않고 살아가는 사람이 얼마나 될까? 그러면 남자들은 모두 간음한 자들이라 해도 과언이 아니라 생각합니다. 때문에 예수님이 하나님의 백성들에게 간음하지 말라는 여자는 정결한 처녀를 말하는 것이 아니라 음녀를 말하는데 음녀는 영적으로 타락한 교회, 즉 하나님의 말씀을 가감하여 기복으로 교인들을 미혹하는 거짓 선지자와 삯꾼목자들을 비사로 말하고 있습니다.
 오늘날 삯꾼목자들이 하나님의 뜻을 외면하고 교인들을

교리와 기복으로 미혹하고 있습니다. 때문에 교인들도 하나님의 뜻을 이루기 위해서 신앙생활을 하는 것이 아니라 자기 욕심을 채우기 위해서 기복적인 신앙생활을 하고 있는 것입니다. 때문에 하나님께서 이렇게 패역한 자들을 보시고 진노하시는 것입니다.

[베드로후서 2장 4~7절] 하나님이 범죄한 천사들을 용서치 아니하시고 지옥에 던져 어두운 구덩이에 두어 심판때까지 지키게 하셨으며 옛 세상을 용서치 아니하시고 오직 의를 전파하는 노아와 그 일곱 식구를 보존하시고 경건치 아니한 자들의 세상에 홍수를 내리셨으며 소돔과 고모라 성을 멸망하기로 정하여 재가 되게 하사 후세에 경건치 아니할 자들에게 본을 삼으셨으며 무법한 자의 음란한 행실을 인하여 고통하는 의로운 롯을 건지셨으니.

상기의 말씀과 같이 하나님은 천사들이라 해도 죄를 범하면 용서하지 아니하시고 지옥에 던지시며 오직 의를 전파하는 노아와 그의 일곱 식구는 보존하시고 경건치 아니한 자들은 모두 홍수로 멸하신 것입니다.

또한 하나님께서 홍수 이후에도 타락한 소돔과 고모라

성을 멸망하기로 정하여 유황불로 재가 되게 하시어 후세에 경건치 아니할 자들에게 본을 삼으신 것입니다.

또한 무법한 자의 음란한 행실을 인하여 고통하는 의로운 롯을 건져 내신 것을 볼 수 있습니다. 그런데 더욱 놀라운 것은 세상과 벗된 것이 하나님과 원수 된 것이며 하나님과 재물을 겸하여 섬기는 것이 곧 간음한 것이라 말씀하고 있다는 것입니다.

[야고보서 4장 4절] 간음하는 여자들이여 세상과 벗된 것이 하나님의 원수임을 알지 못하느뇨 그런즉 누구든지 세상과 벗이 되고자 하는 자는 스스로 하나님과 원수되게 하는 것이니라.

[마태복음 6장 24절] 한 사람이 두 주인을 섬기지 못할 것이니 혹 이를 미워하며 저를 사랑하거나 혹 이를 중히 여기며 저를 경히 여김이라 너희가 하나님과 재물을 겸하여 섬기지 못하느니라.

상기의 말씀과 같이 하나님을 섬기는 백성이 세상과 벗이 되는 것은 하나님과 원수가 되는 것이며 또한 하나님과 재물을 겸하여 섬기는 것이 곧 영적인 간음이라는 뜻입니다. 왜냐하면 한 사람이 두 주인을 섬길 수 없듯이 하나님과 재물을 함께 섬길 수 없고 또한 하나님과 자신을 겸하여 섬길 수 없기 때문입니다. 문제는 오늘날 기독교인들도 하나님보다 자신을 더 사랑하며 하나님의 뜻을 이루기 보다 하나님을 통해서 자신의 욕심을 채우려 신앙생활을 하고 있다는 것입니다.

이어지는 말씀은 하나님께서 그들의 날은 일백 이십년이 되리라고 말씀하시면서 그 땅에는 네피림이 있다고 말씀하고 있습니다. 그러면 일백 이십년은 영적으로 무엇을 말하며 네피림은 어떤 존재를 말하는 것인가를 알아야 합니다. 하나님께서 말씀하시는 일백 이십년은 노아가 방주를 짓는 기간을 말하며 또한 타락한 하나님의 백성들이 회개하고 다시 하나님의 아들로 거듭나는 과정과 기간을 비유하여 말씀하고 있습니다.

그리고 하나님께서 범죄한 백성에게 말씀하시는 백 이십년은 곧 예수님이 삼일 만에 하나님의 성전을 건축하신다는 사흘(삼일), 즉 애굽에서 사십년(하루) 광야에서 사십년(이틀) 가나안에서 사십년(삼일) 모두 일백 이십년의 기간을 말하고 있습니다.

또한 일백 이십년은 애굽에서 광야로 나와 시험과 연단

의 과정을 통과하여 가나안으로 들어가 하나님의 성전이 완성되면 하나님의 아들로 거듭나게 되는데 이런 과정과 기간을 비사로 말씀하신 것입니다. 이렇게 삼일은 마태복음 1장에 하나님의 아들(예수님)이 태어나는 과정을 말씀하고 있는데 아브라함부터 다윗까지 열네대(1일), 다윗부터 바벨론으로 이거할 때 까지 열네대(2일), 바벨론으로 이거한 후부터 그리스도까지 열네대(삼일), 모두 사십이대라 말씀하고 있는 것입니다.

이와 같이 노아가 삼층으로 건축한 방주나 솔로몬이 삼층으로 건축한 예루살렘성전은 애굽(1층)과 광야(2층)와 가나안(3층)을 비사로 말씀하신 것입니다. 이렇게 삼일이나 삼층은 죄인된 하나님의 백성이 애굽-광야-가나안의 과정을 통과해야 하나님의 생명으로 거듭나 하나님의 아들이 된다는 것을 비사로 말씀하고 있는 것입니다. 이렇게 노아가 건축한 삼층으로 된 방주는 신앙의 차원과 영적인 상태에 따라 1층에는 물고기(부정한 짐승)들이 사는 곳이며 2층은 짐승과 새들이 사는 곳이고 3층은 여자와 남자(사람들)들이 살고 있는 곳입니다.

노아가 건축한 방주는 배를 말하는데 배는 바다나 강에서 운행을 하기 때문에 배는 반드시 물이 있는 곳에다 건축하며 산에다 배를 건축하는 사람은 단 한사람도 없습니다. 그런데 노아가 방주를 산에다 건축한 것은 고기를 잡으려는 배가 아니라 영혼을 구원하기 위한 방주(교회)이기 때문입니다. 이렇게 바다에 건축하는 배는 애굽교회를 말하며 강이나 호수에 건축하는 배는 광야교회를 말하며 산에 건축하는 방주는 가나안 교회를 비유로 말씀하고 있는 것입니다.

그러므로 노아가 건축한 방주는 바다를 항해하거나 고기 잡는 배가 아니라 사람들의 영혼을 구원하는 방주를 말하고 있는 것입니다. 때문에 노아는 방주를 바다나 강가에 만들지 않고 산(시온산)에다 만든 것입니다. 물론 노아 당시에 바다와 강에도 고기를 잡는 배는 있었지만 바다에서 고기 잡는 배는 애굽(세상)교회를 말하며 강이나 호수 안에 있는 배는 짐승들이 머물고 있는 광야교회를 말하며 산에 있는 배는 사람이 거하는 가나안 교회, 즉 하나님의 성전을 말하고 있는 것입니다.

예수님의 제자들도 예수님을 만나기 전에는 갈릴리 호수에서 고기를 잡는 어부였기 때문에 예수님께서 너희는 이제부터 고기 잡는 어부가 되지 말고 사람을 낚는 어부가 되라고 말씀하신 것입니다.

왜냐하면 성경에 애굽교회(세상교회)에 머물고 있는 존재들은 물고기들이며 광야교회에서 시험과 연단을 받고 있는 존재들은 짐승들이며 가나안에 들어간 존재들은 사람으로 비유하여 말씀하고 있기 때문입니다.

　이와 같이 하나님의 백성들이 모두 하나님께 제사(예배)를 드리지만 영적인 차원에 따라 애굽(세상)에 머물고 있는 교인들은 산당(예배당)에서 예배를 드리는 것이며 출애굽하여 광야에 나온 광야의 교인들은 성막(천막)에서 제사를 드리며 가나안에 이른 자들은 성전(예루살렘)에서 예배를 드리는 것입니다.

　그런데 노아가 백 이십년 동안 방주(성전)를 건축하는데 네피림이라는 거대한 족속이 있었던 것은 노아의 가족(하나님의 백성)이 방주를 건축하는 과정을 감시하는 감독자로 세워 노아의 가족이 성전을 건축하는데 나태하거나 건축을 잘못할 때에 징계하고 채찍을 가하기 위하여 준비해 놓은 하나님의 도구들입니다. 노아가 방주를 건축하고 있을 때에 하나님의 아들들은 계속해서 사람의 딸들을 취하여 자식을 낳았다고 말씀하고 있습니다.

　이것은 하나님의 아들들이 사람의 딸들을 취하여 하나님의 형상과 모양대로 하나님의 아들을 낳아야 하는데 음란한 여자(거짓 선지자와 삯꾼목자)를 따라 가이사의 형상과 모양을 가진 마귀의 자식을 낳았다는 것입니다. 그리고 그들이 고대에 유명한 사람이었다는 것은 에덴동산에 존재하던 옛 뱀, 즉 아담과 하와를 미혹하던 간교한 뱀의 후손이라는 뜻입니다. 이렇게 하나님은 사람들의 죄악이 세상에 관영함과 그 마음의 생각과 계획이 항상 악함을 보시고 땅위에 사람 지으셨음을 한탄하시며 이제 내가 창조한 사람을 지면에서 모두 쓸어버리되 사람으로부터 육축과 기는 것과 공중의 새까지 멸하시겠다고 말씀하시는 것입니다.

하나님은 이 말씀대로 노아가 백 이십년동안 방주건축을 마치자마자 하늘에서 비를 사십일 동안 쏟아 붓고 그와 동시에 땅속에 있는 모든 샘들이 터져 나오게하여 그 물들이 거대한 홍수가 되어 사람과 육축과 기는 짐승과 공중의 새까지 모두 멸하신 것입니다. 그러나 방주에 들어간 노아의 가족과 육축과 짐승과 기는 것들은 모두 살아남게 된 것입니다.

[창세기 6장 9~17절] 노아의 사적은 이러하니라 노아는 의인이요 당세에 완전한 자라 그가 하나님과 동행하였으며 그가 세 아들을 낳았으니 셈과 함과 야벳이라 때에 온 땅이 하나님

앞에 패괴하여 강포가 땅에 충만한지라 하나님이 보신즉 땅이 패괴하였으니 이는 땅에서 모든 혈육있는 자의 행위가 패괴함이었더라 하나님이 노아에게 이르시되 모든 혈육있는 자의 강포가 땅에 가득함으로 그 끝날이 내 앞에 이르렀으니 내가 그들을 땅과 함께 멸하리라 너는 잣나무로 너를 위하여 방주를 짓되 그 안에 간들을 막고 역청으로 그 안팎에 칠하라 그 방주의 제도는 이러하니 장이 삼백 규빗 광이 오십 규빗 고가 삽십 규빗이며 거기 창을 내되 위에서부터 한 규빗에 내고 그 문은 옆으로 내고 상, 중, 하 삼층으로 할찌니라 내가 홍수를 땅에 일으켜 무릇 생명의 기식 있는 육체를 천하에서 멸절하리니 땅에 있는 자가 다 죽으리라.

상기의 말씀에 노아는 의인이요 당시에 온전한 자라고 소개하고 있습니다. 노아는 하나님과 동행하였으며 그가 세 아들을 낳았으니 셈과 함과 야벳이었습니다. 그런데 노아 때에 온 세상이 하나님 앞에 부패하고 포악이 땅에 가득하여 하나님이 보시니 땅(사람들)이 모두 썩었다고 말씀하고 있습니다.

하나님께서 땅이 부패했다는 세상과 땅은 곧 사람의 존재들을 말하며 사람들이 부패하고 포악이 가득했다는 것은 욕심과 음란으로 가득했다는 것을 말씀하고 있는 것입니다. 때문에 하나님께서 노아에게 이르시되 모든 혈기있는 자의 강포가 땅에 가득함으로 그들의 끝날, 곧 종말이 내 앞에 이르렀으니 내가 그들을 땅과 함께 멸하시겠다고 말씀하고 있습니다.

하나님께서 혈기있는 자들을 모두 멸하시려는 것은 그들 안에 불의가 가득하기 때문인데 불의는 곧 사람들의 욕심 때문에 나타난 것들입니다. 때문에 하나님께서 욕심이 곧 죄이며 죄가 장성하여 죽게 된다고 말씀하시는 것입니다.

[시편 14편 1~5절] 어리석은 자는 그 마음에 이르기를 하나님이 없다 하도다 저희는 부패하고 소행이 가증하여 선을 행하는 자가 없도다 여호와께서 하늘에서 인생을 굽어 살피사 지각이 있어 하나님을 찾는 자가 있는가 보려 하신즉 다 치우쳤으며 함께 더러운 자가 되고 선을 행하는 자가 없으니 하나도 없도다 죄악을 행하는 자는 다 무지하뇨 저희가 떡 먹듯이 내 백성을 먹으면서 여호와를 부르지 아니하는 도다 저희가 거기서 두려워하고 두려워하였으니 하나님이 의인의 세대에 계심이로다.

본문에서 말씀하고 있는 어리석은 자는 불신자가 아니라 하나님 백성의 영혼을 떡 먹듯이 잡아먹는 영적 지도자 곧 거짓목자와 삯꾼목자들을 말하고 있습니다.

　그들은 말로는 하나님이 계시다 하면서 교인들에게 하나님을 믿으라고 말하지만 그들의 마음속에는 하나님이 없는 자들입니다. 왜냐하면 만일 저들 안에 하나님이 계시다면 두려워서 하나님 백성의 영혼을 떡 먹듯이 자기 것으로 만들지 못하기 때문입니다. 이렇게 저희는 부패하고 소행이 가증하여 하나님의 뜻대로 영혼을 구원하는 자가 없고 모두 자기 욕심을 채우기 위해서 목회를 한다는 것입니다.

　여호와께서 하늘에서 인생을 굽어 살피사 지각이 있어 하나님을 찾는 자가 있는가 보려 하신즉 모두 욕심에 치우쳐 목회자들과 함께 더러운 자가 되고 선을 행하는 자가 없으니 하나도 없다고 말씀하고 있습니다.

　하나님께서 선을 행하는 자가 없다는 것은 모두 욕심에 치우쳐 하나님의 뜻에 따라 영혼을 구원하고 살리는 자가 없다는 뜻입니다. 왜냐하면 예수님의 말씀과 같이 목회자들이 천국문을 닫아 놓고 자기도 들어가지 않고 들어가려는 자들도 못 들어가도록 막으면서 교인 하나를 얻으면 배나 더 지옥 자식을 만들고 있기 때문입니다.

이렇게 하나님이 없다고 여호와의 이름을 부르지 않던 목자들이 심판대 앞에서는 두려워 떨면서 그 때 비로소 자신들에게는 하나님이 없지만 의인들의 세대에 계시다는 것을 알게 된다는 것입니다. 이와 같이 하나님은 의인들 안에만 계시기 때문에 "나는 산 자의 하나님이시며 죽은 자들의 하나님이 아니라"고 말씀하신 것입니다.

 이어지는 말씀은 하나님께서 노아에게 너는 잣나무로 너를 위하여 방주를 만들라고 말씀하시면서 방주 안에 칸들을 막고 역청으로 안팎에 칠하라 말씀하고 있습니다. 하나님께서 방주 안과 밖을 역청으로 칠하라는 역청은 송진이나 기름과 같은 것인데 역청은 영적으로 성령, 곧 생명의 말씀을 비유하여 말씀하신 것입니다. 왜냐하면 하나님의 백성들이 자기 안에 성전을 건축할 때나 하나님의 아들로 거듭나려면 반드시 성령 곧 생명의 말씀이 안과 밖에 모두 있어야 하기 때문입니다.

 그리고 그 방주의 제도는 장이 삼백 규빗 광이 오십 규빗 고가 삼십 규빗이며 방주에 창을 내되 위에서부터 한 규빗에 내고 방주 안은 상, 중, 하의 삼층으로 만들라고 명하고 계십니다. 이 말씀은 구원의 방주나 성전은 모두 삼층으로 되어 있는데 그 이유는 방주를 건축하거나 하나님의 성전을 건축하거나 그리고 하나님의 아들로 거듭나려면 삼층, 즉 세 단계의 과정(애굽, 광야, 가나안)을 거쳐야 완성된다는 것을 말씀하신 것입니다. 때문에 노아는 하나님의 명에 따라 일백 이십년 동안 하나님이 지시한 대로 방주를 삼층, 즉 상, 중, 하로 건축한 것입니다.

노아가 건축한 방주의 일층에는 부정한 짐승(물고기와 기는 짐승)들이 들어가고 이층에는 걷는 짐승(들짐승과 육축)들이 들어가고 삼층에는 의로운 노아의 가족(여자와 남자)들이 들어가게 된 것입니다. 이렇게 노아가 건축한 방주는 바다에나 강에서 고기를 잡는 배가 아니라 구원의 방주, 곧 하나님의 성전을 말하고 있는 것입니다. 이렇게 바다에 있는 수많은 각종 배들은 세상교회들을 말하며 강이나 호수에 있는 배는 광야교회를 말하며 산에 있는 배는 가나안에 있는 새 예루살렘 성전을 말씀하고 있는 것입니다.

하나님께서 노아에게 방주가 완성되면 내가 홍수를 땅에 일으켜 무릇 생명이 붙어 있는 육체들을 천하에서 모두 멸절하리니 땅에 있는 것들이 모두 죽을 것이라고 말씀하고 있습니다.

하나님께서 말씀하신 대로 노아가 방주를 모두 완성하였을 때 하나님은 하늘에서 비를 사십일 동안 폭포와 같이 쏟아 붙고 땅 밑에 있는 샘들이 모두 터져 나오게 하여 대홍수로 천하에 있는 육체들을 모두 멸하신 것입니다. 이렇게 하나님께서 부패한 인간들을 보시고 진노하심으로 말미암아 지구상의 모든 생물들을 홍수로 멸하시는 종말이 도래 된 것입니다.

그러므로 노아의 홍수 때에 방주에 들어가 살아남은 노아의 가족과 육축들과 들짐승과 새들과 기는 짐승들이 번성하며 오늘날까지 생명을 이어오고 있는 것입니다. 그런데 하나님께서 땅의 모든 생물을 멸하신 후에 노아에게 앞으로는 너와 너의 후손과 너와 함께한 생물들을 다시는 홍수로 멸하시지 않겠다고 약속을 하신 것입니다.

[창세기 9장 8~17절] 하나님이 노아와 그와 함께한 아들들에게 일러 가라사대 내가 내 언약을 너희와 너희 후손과 너희와 함께한 모든 생물 곧 너희와 함께한 새와 육축과 땅의 모든 생물에게 세우리니 방주에서 나온 모든 것 곧 땅의 모든 짐승에게니라 내가 너희와 언약을 세우리니 다시는 모든 생물을 홍수로 멸하지 아니할 것이라 땅을 침몰할 홍수가 다시 있지 아니하리라 하나님이 가라사대 내가 나와 너희와 및 너희와 함께하는 모든 생물 사이에 영세까지 세우는 언약의 증거는 이것이

라 내가 내 무지개를 구름 속에 두었나니 이것이 나의 세상과
의 언약의 증거니라 내가 구름으로 땅을 덮을 때에 무지개가
구름 속에 나타나면 내가 나와 너희와 및 혈기 있는 모든 생물
사이의 내 언약을 기억하리니 다시는 물이 모든 혈기 있는 자
를 멸하는 홍수가 되지 아니할찌라 무지개가 구름 사이에 있으
리니 내가 보고 나 하나님과 땅의 무릇 혈기 있는 모든 생물
사이에 된 영원한 언약을 기억하리라 하나님이 노아에게 또 이
르시되 내가 나와 땅에 있는 모든 생물 사이에 세운 언약의 증
거가 이것이라 하셨더라.

　　상기의 말씀은 하나님이 노아와 그와 함께한 아들들에
게 다시는 홍수로 멸하지 않겠다고 약속을 하신 것입니다.
하나님은 내가 언약을 방주에서 나온 너희와 너희 후손과
너희와 함께한 모든 생물, 곧 너희와 함께한 새와 육축과
땅의 모든 생물에게 세우리니 다시는 모든 생물을 홍수로
멸하지 아니할 것이라고 말씀하고 있습니다. 때문에 하나
님은 노아에게 앞으로는 땅을 침몰할 홍수가 다시 있지 아
니하리라는 언약을 세우신 것입니다.
　　하나님은 내가 너희와 및 너희와 함께하는 모든 생물
사이에 영세까지 세우는 언약의 증거로 내가 내 무지개를

구름 속에 두었으니 이것이 곧 내가 세상을 다시는 홍수로 멸하지 않겠다는 언약의 증표라고 말씀하고 있습니다. 이렇게 하나님께서 다시는 세상을 멸하시지 않겠다는 증표로 구름 속에 무지개를 두셨다고 말씀하시는데 구름은 영적으로 무엇을 말하며 또한 무지개는 무엇을 상징하여 말씀하신지를 모르면 이 말씀은 이해 할 수 없습니다. 하나님께서 말씀하시는 구름과 무지개는 영적인 비밀로 구름은 하나님의 말씀을 말하며 구름 속에 있는 무지개는 말씀 속에 있는 생명의 말씀 곧 예수그리스도를 비사로 말씀하신 것입니다.

때문에 하나님께서 노아의 홍수 이후로는 세상을 직접 멸하시지 않으시고 무지개 곧 예수님을 통해서 구원과 심판을 하시겠다는 것입니다. 이렇게 구름 속에 있는 무지개는 예수그리스도이며 또한 하나님이 계신 성전으로 곧 노아가 백 이십년 동안 삼층으로 건축한 구원의 방주를 말하고 있는 것입니다.

이렇게 노아가 방주를 건축하고 노아의 가족들과 더불어 각종 짐승들이 방주에 들어가 구원을 받아 살아난 것과 같이 오늘날 기독교인들도 예수님 안에 들어가서 생명의 말씀과 함께 거하면 살아서 하나님의 아들로 거듭나게 된다는 것을 말씀하고 있는 것입니다.

결국 노아가 삼층으로 건축한 구원의 방주는 솔로몬이 삼층으로 건축한 예루살렘 성전이며 그 실체는 곧 하나님께서 하나님의 백성들을 구원하기 위해서 보내주신 예수그리스도를 말씀하고 있는 것입니다. 그러므로 하나님께서 죽어가는 영혼들을 구원하기 위해서 이 세상에 하나님의 아들이신 예수그리스도를 구원자로 보내주신 것이며 하나님은 예수를 통해서 구원과 심판을 하시는 것입니다. 때문에 오늘날 하나님의 백성은 하나님께서 구원자로 보내주시는 오늘날의 예수님을 믿고 그의 입에서 나오는 말씀을 일용할 양식으로 먹어야 구원을 받아 하나님의 아들로 거듭나게 되는 것입니다.

그러므로 오늘날 기독교인들은 하늘의 구름타고 오신다는 예수님만 믿고 막연히 기다릴 것이 아니라 하나님께서 오늘날 기독교인들을 구원하기 위해서 보내주시는 오늘날의 예수를 믿고 영접해야 하는 것입니다. 왜냐하면 오늘날 하나님의 성전을 건축할 수 있는 예수님이나 방주를 건축할 수 있는 노아가 없다면 오늘날 기독교인들은 하나님의 성전이나 방주를 건축할 수 없고 따라서 구원을 받아 하나님의 아들로 거듭날 수 없기 때문입니다.

그러므로 하나님께서 오늘날도 변함없이 하나님의 아들을 보내주시는 것입니다. 그런데 오늘날 기독교인들은 오늘날 하나님께서 구원자로 보내주시는 하나님의 아들을 믿지 않을 뿐만 아니라 오히려 이단으로 배척을 하고 있다는 것입니다.

하나님께서는 요한일서 4장을 통해서 너희가 다시 오리라 하고 기다리고 있는 예수님은 이미 와 계시다고 분명히 말씀하고 있습니다. 그럼에도 불구하고 오늘날 기독교인들은 이미 와 계신 오늘날의 예수님은 믿지 않고 삯꾼목자의 말에 따라서 이천년 전에 오셨던 예수님만 믿고 있는 것입니다. 그러므로 하나님께서 오늘날 육체로 오신 인간예수를 부인하는 자는 모두 적그리스도라 말씀하고 있습니다.

[요한일서 4장 1~3절] 사랑하는 자들아 영을 다 믿지 말고 오직 영들이 하나님께 속하였나 시험하라 많은 거짓 선지자가 세상에 나왔음이니라 하나님의 영은 이것으로 알찌니 곧 예수 그리스도께서 육체로 오신 것을 시인하는 영마다 하나님께 속한 것이요 예수를 시인하지 아니하는 영마다 하나님께 속한 영이 아니니 이것이 곧 적그리스도의 영이니라 오리라 한 말을 너희가 들었거니와 이제 벌써 세상에 있느니라.

상기의 말씀과 같이 적그리스도는 마귀나 사탄이 아니라 오늘날 예수그리스도께서 육체를 입고 지금 오셔서 계신 인간 예수를 부인하는 자들이라 말씀하고 있습니다. 그리고 예수그리스도께서 육체를 입고 오신 오늘날의 예수를 시인하고 영접하는 자들은 하나님께 속한 영이라 말씀하고 있습니다.

　왜냐하면 너희가 구름타고 다시 오리라고 기다리고 있는 예수님은 이미 벌써 세상에 오셔서 계시기 때문이라는 것입니다. 그런데 적그리스도들은 오늘날 하나님께서 구원자로 보내주신 예수그리스도를 절대로 믿지 않으며 오히려 이단으로 배척을 하고 있는 것입니다. 이렇게 적그리스도는 하나님께서 오늘날 구원자로 보내주신 인간 예수, 곧 육체를 입고 오신 예수를 부인하며 대적하는 자들을 말하고 있습니다.

　이와 같이 오늘날 기독교인들이 두려워하고 있는 적그리스도는 사탄이나 괴물과 같은 존재가 아니라 광명의 천사로 가장하고서 오늘날의 예수를 부정하며 이단으로 배척하는 오늘날 삯꾼목자와 거짓 선지자를 말하고 있습니다.

　그런데 아직 영안이 없는 기독교인들은 하나님의 말씀을 올바로 보지 못하기 때문에 적그리스도가 누구인지 또한 하나님께서 보내주신 오늘날의 구원자가 누구인지를 모르는 것입니다. 그러나 하나님의 말씀을 열심히 보고 하나님께 간절히 기도하면 오늘날의 예수님이 누구인지 그리고 적그리스도가 누구인지 분명히 알게 될 것입니다.

이상과 같이 하나님께서 노아의 대홍수와 방주를 통해서 하나님의 백성에게 교훈하시며 경고하시는 메시지는 오늘날 기독교인들도 노아와 같이 하나님의 말씀을 가지고 자신 안에 방주(성전)를 건축하라는 것이며 만일 방주를 건축하지 않으면 노아 때 홍수로 쓸어버린 타락한 자들과 같이 모두 멸하시겠다는 것입니다.

그런데 하나님께서 노아에게 다시는 홍수로 멸하시지 않겠다고 약속을 하셨기 때문에 홍수로 멸하는 일은 없을 것이라 생각할 수 있습니다. 그러면 하나님께서 오늘날 부패하고 타락한 거짓목자들과 하나님의 백성을 홍수가 아니면 무엇으로 멸하실까?

하나님께서 오늘날 부패한 기독교인들은 홍수로 멸하시는 것이 아니라 가감된 하나님의 말씀으로 멸하십니다. 왜냐하면 오늘날 목자들이 하나님의 말씀을 가감하여 만든 각종교리가 홍수가 되어 영혼들을 죽이고 있기 때문입니다. 이렇게 노아 때의 홍수가 오늘날은 각종교리와 기복신앙이 홍수가 되어 지금도 영혼들을 멸하고 있는 것입니다. 그러므로 오늘날 생명의 좁은 길을 가고 있는 소수의 무리들은 지금도 노아와 같이 생명의 말씀으로 자신 안에 구원의 방주를 건축하고 있으며 넓고 평탄한 멸망의 길을 가는 자들은 삯꾼목자들이 하나님의 말씀을 가감하여 만든 비진리 곧 각종교리를 먹고 마시며 잔치를 하다가 죽어가는 것입니다.

때문에 예수님도 마태복음 24장을 통해서 나는 열두 제자들 안에다 성전(방주)을 짓고 있는데 너희는 노아때와 같이 성전(방주)은 지을 생각조차 하지 않고 비 진리를 먹고 마시고 장가들고 시집가면서 홍수(말씀의 홍수)로 멸하기까지 깨닫지 못하고 있다고 말씀하신 것입니다.

이와 같이 노아의 때에 홍수로 멸하신 하나님께서 오늘날은 말씀의 홍수, 즉 오늘날 넘쳐나는 가감된 비 진리(각종교리)와 기복을 통해서 멸하시는 것입니다. 이렇게 노아의 방주와 홍수사건은 예전에만 있던 사건이 아니라 오늘날도 변함없이 진행되고 있는 일들입니다.

그러므로 저자가 노아의 홍수와 방주를 기록한 목적은 오늘날 기독교인들도 하루속히 삯꾼목자와 비 진리 속에서 벗어나 오늘날 예수님이 주시는 생명의 말씀으로 구원의 방주를 건축하여 하나님의 아들로 거듭나기를 바라는 마음에서 입니다.

　이 글을 정독하신 모든 분들은 노아와 같이 하루속히 하나님의 말씀으로 방주(성전)를 건축하여 모두 하나님의 아들로 거듭나기를 기원하는 바입니다.

교만

높이 들린 교만한 눈
마음속에 숨어 있는
악을 내 뿜으며

내장이 썩어 가는 줄
모르는 자신은
교활한 숨소리로
정죄 하면서

정죄로 말미암아
죽음을 재촉하듯
입 벌리고 있다네

10. 적그리스도(안티그리스도)의 실체

하나님의 영이냐 적그리스도의 영이냐를 분별하려면
현재 육체로 오신 예수그리스도가 존재해야 하는데
만일 오늘날 육체로 오신 예수가 없다면
분별할 수가 없는 것입니다.

적그리스도(안티그리스도)의 실체

적그리스도는 어떤 존재이며 오늘날 어느 누구를 말하는가? 적그리스도는 기독교인들이 가장 두려워하며 무서워하고 있는 마귀나 사탄과 같은 존재를 말합니다. 왜냐하면 적그리스도는 하나님의 백성들을 미혹하여 멸망시키는 존재인데 지금 말세가 되어 적그리스도가 나타났다고 말씀하고 있기 때문입니다. 그러면 오늘날 적그리스도는 누구이며 지금 어느 곳에 있을까? 그런데 문제는 하나님께서 성경을 통해서 말씀하고 있는 적그리스도가 어떤 존재인지 그리고 그 실체가 무엇인지 교인들은 물론 목회자들도 확실히 모르고 두려워만 하고 있다는 것입니다.

그러므로 오늘날 기독교인들은 적그리스도를 두려워하기 전에 먼저 하나님께서 성경을 통해서 말씀하시는 적그리스도가 어떤 존재인지 분명하게 알아야 합니다. 왜냐하면 하나님이 말씀하시는 적그리스도를 분명하게 모른다면 오늘날 기독교인들도 적그리스도에게 미혹당하여 멸망당할 수 있기 때문입니다.

그러므로 설령 다른 것은 모른다 해도 적그리스도에 대해서는 분명하게 알아야 합니다.

[요한일서 2장 18절] 아이들아 이것이 마지막 때라 적그리스도가 이르겠다 함을 너희가 들은 것과 같이 지금도 많은 적그리스도가 일어났으니 이러므로 우리가 마지막 때인줄 아노라.

　상기의 말씀은 신앙이 아직 어린 자들에게 지금 많은 적그리스도가 나타났다는 것과 지금이 곧 마지막 때라는 것을 알려주는 것입니다. 이렇게 적그리스도는 앞으로 나타나는 것이 아니라 이미 수많은 적그리스도들이 지금 우리 주변에서 하나님의 백성을 미혹하고 있다는 것입니다.

　문제는 오늘날 기독교인들은 적그리스도가 내 앞에 와 있거나 혹은 나를 인도하는 목자가 적그리스도라 해도 영안이 없어 알아 볼 수 없다는 것입니다.

　때문에 하나님께서 적그리스도를 분별하는 방법을 요한일서 4장을 통해서 자세하고도 분명하게 알려주신 것입니다.

[요한일서 4장 1~3절] 사랑하는 자들아 영을 다 믿지 말고 오직 영들이 하나님께 속하였나 시험하라 많은 거짓 선지자가 세상에 나왔음이니라 하나님의 영은 이것으로 알찌니 곧 예수 그리스도께서 육체로 오신 것을 시인하는 영마다 하나님께 속

한 것이요 예수를 시인하지 아니하는 영마다 하나님께 속한 영
이 아니니 이것이 곧 적그리스도의 영이니라 오리라 한 말을
너희가 들었거니와 이제 벌써 세상에 있느니라.

상기의 말씀은 영을 다 믿지 말고 오직 영들이 하나님
께 속한 영인가를 시험(확인)해 보라고 말씀하고 있습니다.
본문에서 말씀하고 있는 '영'(프뉴마)은 곧 목회자들이 전
하고 있는 '하나님의 말씀'을 말하고 있습니다.

하나님께서 영(말씀)을 시험해 보라고 말씀하시는 것은
지금 많은 거짓 선지자가 세상에 나와 있기 때문이라는 것
입니다. 그런데 하나님의 영과 적그리스도의 영을 분별하
는 방법은 오늘날 예수그리스도께서 육체로 오신 것을 시
인하는 영(말씀)은 하나님께 속한 영(말씀)이며 오늘날 예
수그리스도께서 육체로 와 계신 것을 부인하는 말씀(영)은
적그리스도의 영, 곧 적그리스도의 말씀(영)이라는 것입니
다.

이렇게 오늘날 목회자들이 전하는 말씀이 하나님의 말
씀(영)인가 아니면 적그리스도의 말씀(영)인가 분별하는 기
준은 곧 오늘날 육체를 입고 오신 예수그리스도를 인정하
는 말씀은 하나님께 속한 영이고 오늘날 육체를 입고 와 계

신 예수그리스도를 부인하는 말씀은 적그리스도의 영이라 말씀하는 것입니다. 이와 같이 오늘날 말씀을 전하는 목자의 영이 하나님께 속한 영인지 아니면 적그리스도에게 속한 영인지 하는 것은 이천년 전에 유대 땅에 육체로 오셨던 예수님을 인정하느냐 부인하느냐 하는 말씀이 아니라 오늘날 육체를 입고 오신 예수님을 인정하느냐 부인하느냐 하는 말씀으로 분별하라는 것입니다.

그러므로 하나님의 영이냐 적그리스도의 영이냐를 분별하려면 현재 육체로 오신 예수그리스도가 존재해야 하는데 만일 오늘날 육체로 오신 예수가 없다면 분별할 수 없는 것입니다. 그러므로 본문에 너희가 구름타고 오시리라 기다리고 있는 예수님은 이미 벌써 오셔서 계신다 말씀하고 있는 것입니다. 성경을 보면 예수님께서 이 세상을 떠나시면서 나를 찌른 자들도 볼 수 있게 속히 오겠다고 말씀하셨습니다. 예수님은 약속하신 대로 당시에 예수님 안에 있던 영이 제자들 안으로 들어가 부활하심으로 말미암아 제자들이 예수로 나타나서 오신 것입니다.

이렇게 예수님은 약속하신 대로 속히 오셔서 당시에 예수님을 찌른 자들도 볼 수 있게 오신 것입니다. 이와같이 예수님 안에 계시던 영이 제자들의 육체 안에 임하여 열두 제자들이 예수님의 생명으로 거듭나서 하나님의 아들, 곧 예수님(사도)으로 나타나신 것입니다.

예수님의 말씀과 같이 한 알의 밀이 땅에 떨어져 죽어서 열두 열매를 맺으신 것입니다. 그런데 유대인들은 육체를 입고 오신 초림 예수를 부정하고 배척하여 죽인 것처럼 예수님의 영이 제자들 안으로 들어가서 부활하여 살아난 사도(예수님)들도 부정을 하며 이단으로 배척을 하여 모두 죽인 것입니다.

그러나 예수님의 생명은 열두 제자들에게 들어가 열두 사도(예수)를 낳았으며 사도바울 안에 있던 예수의 생명은 다시 디모데와 디도와 같은 아들(예수)을 낳았고 예수로 낳음 받은 디모데와 디도는 사도바울과 같이 죽은 영혼들을 살려서 하나님의 아들(예수)을 낳았으며 예수님의 생명으로 낳음을 받은 아들들은 다시 아들을 낳아 지금까지 예수의 생명을 계속해서 이어 오고 있는 것입니다.

이렇게 예수님은 알파와 오메가로 예전에도 계시고 지금도 계시고 앞으로도 영원토록 우리 곁에 항상 계신 것입니다. 왜냐하면 육체를 입고 계신 실존예수가 한 순간이라도 없으면 하나님의 백성들이 구원을 받거나 죽은 영혼이 다시 살아나지 못하기 때문입니다. 이렇게 이천년 전에 유대인들에게 육체를 입고 오셨던 예수님은 오늘날 기독교인들에게도 동일하게 육체를 입고 오셔서 계신 것입니다. 그런데 불행하게도 유대인들이 육신을 입고 오신 예수님을 부인하고 배척한 것처럼 오늘날 기독교인들도 육체를 입고 오신 예수님을 부인하며 배척을 하고 있다는 것입니다.

이렇게 오늘날 목회자들은 이천년 전에 육체를 입고 오셨던 예수그리스도는 인정하면서 오늘날 하나님께서 구원자로 보내주신 하나님의 아들은 부인하며 이단자로 배척하고 있는 것입니다. 이와 같이 하나님께서 말씀하시는 적그리스도는 오늘날 하나님께서 구원자로 보내주신 예수, 즉 오늘날 말씀이 육신되어 육체를 입고 오신 인간 예수를 부인하고 배척하는 자들을 말하고 있습니다. 적그리스도는 마귀나 사탄같은 존재가 아니라 오늘날 예수그리스도께서 육체을 입고 지금 오셔서 계신 인간예수를 부인하는 자들이라 말씀하고 있는 것입니다.

적그리스도는 원문에 '안티그리스도' 라고 기록되어 있으며 뜻은 '그리스도의 적' 혹은 '그리스도를 대적하는 자' 즉 예수그리스도를 부인하며 대적하는 자들을 말하고 있습니다. 이렇게 하나님께서 하나님의 백성들들 구원하기 위해서 보내주신 하나님의 아들을 믿지 않고 대적하며 배척하는 자들이 곧 적그리스도라는 것입니다. 그런데 육체를 입고 오신 인간 예수를 배척하며 대적하는 자들은 놀랍게도 불신자나 이방신을 믿는 타 종교인들이 아니라 하나님의 백성인 유대 제사장과 유대인들이었다는 것입니다. 그러면 오늘날 적그리스도는 어느 누구를 말할까? 오늘날 적그리스도는 하나님께서 구원자로 보내주신 오늘날의 예수, 즉 오늘날 하나님의 생명으로 거듭나 말씀이 육신되어 오신 인간예수를 부인하며 대적하는 자들입니다.

이렇게 오늘날 적그리스도는 하나님께서 오늘날의 구원자로 보내주신 하나님의 아들, 즉 오늘날 육체를 입고 오신 예수님을 부인하며 이단자로 배척하고 있는 삯꾼목자들과 거짓 선지자들을 말하고 있습니다. 즉 예수님을 배척하고 대적하는 적그리스도는 사탄이나 괴물과 같은 존재가 아니라 하나님을 유일신으로 믿고 있는 하나님의 백성들이라는 것입니다.

이와 같이 적그리스도는 광명의 천사로 가장하고서 하나님의 백성들을 미혹하고 있는 삯꾼목자와 거짓 선지자들을 말하고 있는 것입니다. 그러면 목회자들이나 하나님의 백성이 하나님께서 자신들을 구원하기 위해서 보내주신 하나님의 아들을 무엇 때문에 믿고 영접하지 않고 오히려 배척하며 대적을 하는 것일까? 그 이유는 하나님의 백성들이 믿고 기다리고 있는 예수님(메시야)과 하나님께서 보내주시는 예수님이 너무나 다르기 때문입니다. 즉 하나님의 백성들이 기다리고 있는 예수님은 천사장의 나팔소리와 함께 하늘의 구름을 타고 무한한 권능과 영광으로 오시는 위대한 예수님이신데 하나님께서 구원자로 보내주시는 예수님은 사관(여관)에 해산할 방 하나도 없어 말구유에서 태어나 오시는 초라한 예수님이시기 때문입니다.

이렇게 오늘날 다시 오시는 예수님도 예외 없이 베들레헴의 말구유에서 태어나 초라한 인간의 모습으로 오십니다. 하나님이 말씀하시는 '베들레헴'은 원문에 '떡집'이라는 의미로 떡집은 '말씀의 집'을 말하고 있는데 말씀의 집은 곧 말씀이 육신이 되신 예수그리스도를 말씀하고 있습니다. 즉 예전이나 오늘날이나 하나님의 아들이 태어나는 곳은 성령을 팔아 장사하는 성전이나 교회(사관)가 아니라 생명의 말씀을 소유하고 있는 하나님의 아들(베들레헴)에게서 태어난다는 것을 비사로 말씀하신 것입니다.

그런데 유대인들은 물론 오늘날 기독교인들도 하늘의 구름을 타고 하나님의 권능과 영광으로 오시는 위대하고 화려한 예수님을 믿고 기다리는 것입니다. 그러나 하늘의 구름을 타고 혜성처럼 나타나는 예수님은 영원히 오시지 않습니다. 왜냐하면 하늘의 구름을 타고 오신다는 말씀은 영적인 비사로 곧 생명의 말씀과 함께 오시는 예수님, 즉 말씀이 육신이 되어 오신 하나님의 아들을 말씀하고 있기 때문입니다.

이러한 영적인 비유와 비사의 말씀을 모르기 때문에 지금도 하늘의 뜬구름을 바라보며 이천년 동안 예수님을 기다리고 있지만 구름타고 오시는 예수님은 이천년을 더 기다린다 해도 영원히 오시지 않습니다. 왜냐하면 하늘의 구름 타고 오신다는 예수님은 이미 말씀이 육신되어 오셔서 하나님의 백성 가운데 항상 계시기 때문입니다. 그러나 유대인들은 물론 오늘날 기독교인들도 이러한 영적인 비사의 말씀을 모르기 때문에 하늘의 구름을 타고 오실 예수님을 기다리며 베들레헴 말구유에서 태어나 초라한 모습으로 오시는 인간 예수님은 지금도 멸시천대를 하며 배척하는 것입니다.

때문에 하나님께서 이사야 선지자를 통하여 하나님께서 구원자로 보내 주시는 예수님에 대해서 이렇게 말씀하고 있는 것입니다.

[이사야 53장 1~3절] 우리의 전한 것을 누가 믿었느뇨 여호와의 팔이 뉘게 나타났느뇨 그는 주 앞에서 자라나기를 연한 순 같고 마른땅에서 나온 줄기 같아서 고운 모양도 없고 풍채도 없은즉 우리의 보기에 흠모할만한 아름다운 것이 없도다 그는 멸시를 받아서 사람에게 싫어버린바 되었으며 간고를 많이 겪었으며 질고를 아는 자라 마치 사람들에게 얼굴을 가리우고 보지 않음을 받는자 같아서 멸시를 당하였고 우리도 그를 귀히 여기지 아니하였도다.

상기의 말씀은 하나님께서 구원자로 보내주시는 하나님의 아들 곧 예수님의 참 모습에 대하여 자세히 기록하고 있습니다. 본문은 우리가 전한 것을 누가 믿었느냐고 말씀하고 있습니다. 본문에 우리는 선지자들을 말하며 우리가 전한 것은 하나님께서 구원자로 보내주시는 하나님의 아들 곧 예수님을 말씀하고 있습니다. 그런데 하나님의 선지자들이 그동안 오실 예수님(메시야)에 대해서 전하였는데 하나님께서 구원자로 보내주시는 예수님을 하나님의 백성이 믿지를 않은 것은 물론 우리들(선지자)도 그를 귀히 여기지 않았다고 말씀하고 있습니다.

왜냐하면 하나님의 백성이 기다리는 위대한 예수님과

하나님께서 보내주신 초라한 모습의 예수님은 너무나 다르고 기대에 어긋나기 때문입니다. 하나님의 백성이 기다리고 있는 예수님은 모세의 능력과는 비교할 수 없는 능력과 권세를 가지고 천사장의 나팔소리와 함께 화려한 모습으로 오시는 영광의 예수님인데 막상 오신 예수님은 말구유에서 태어나 오시는 초라하기 그지없는 예수님이기 때문입니다.

그러므로 유대인들은 물론 오늘날 기독교인들도 초라한 모습으로 오시는 인간 예수는 인정하지 않을 뿐만 아니라 오히려 이단으로 배척하는 것입니다. 그러나 하나님께서 이사야 선지자를 통해서 말씀하시는 예수님, 곧 하나님의 아들은 하나님 앞에서 자라나기를 연한 순 같고 마른땅에서 나온 줄기 같아서 고운 모양도 없고 풍채도 없기 때문에 사람들의 보기에 흠모할만한 아름다운 것이 아무것도 없다고 말씀하고 있습니다.

이렇게 예수님은 사람들이 볼 때에 지극히 평범한 모습의 인간 예수로 오시는 것입니다. 그러므로 예수님은 하나님의 백성에게 하나님의 아들(구원자)로 인정받지 못하고 멸시천대를 받으며 외면을 당한 것입니다. 예수님은 세상에 오셔서 유대인들에게 멸시와 천대를 받으며 온갖 고통을 많이 받았기 때문에 자신을 따라서 좁고 협착한 생명의 좁은 길을 가는 사람들이 얼마나 고통 받고 있는지 잘 알고 있다 말씀하는 것입니다.

이와 같이 예수님은 마치 사람들에게 얼굴을 가려 놓은 사람 같아서 멸시와 천대를 당하였으며 우리(선지자)도 예수님을 귀히 여기지 아니하였다 말씀하고 있습니다. 이렇게 평범한 인간의 모습으로 오신 예수님은 하나님의 백성을 구원하기 위해서 유대 땅에 오셨으나 유대인들은 하나님께서 구원자로 보내주신 예수님을 귀신들린 자 혹은 하나님의 백성을 미혹하는 이단자로 원수처럼 대적을 하고 핍박을 하다가 결국 십자가에 못 박아 죽인 것입니다.

그러면 유대인들이 무엇 때문에 무슨 이유로 하나님께서 구원자로 보내주신 예수그리스도를 부인하며 대적하였을까? 유대인들이 예수님을 원수처럼 대적하고 핍박한 것은 예수님이 육신을 입고 평범한 인간의 모습으로 오신 것보다 예수님께서 유대인들의 잘못된 신앙을 신랄하게 지적하며 책망하였기 때문입니다.

그러면 예수님께서 유대인들의 신앙을 질책한 것은 무엇 때문이며 또한 유대인들이 예수님을 최대의 원수로 취급하며 대적한 것은 무엇 때문인지 성경을 통해서 알아보기로 하겠습니다.

[요한복음 2장 13~17절] 유대인의 유월절이 가까운지라 예수께서 예루살렘으로 올라가셨더니 성전 안에서 소와 양과 비둘기 파는 사람들과 돈 바꾸는 사람들의 앉은 것을 보시고 노끈으로 채찍을 만드사 양이나 소를 다 성전에서 내어 쫓으시고 돈 바꾸는 사람들의 돈을 쏟으시며 상을 엎으시고 비둘기 파는 사람들에게 이르시되 이것을 여기서 가져가라 내 아버지의 집으로 장사하는 집을 만들지 말라 하시니 제자들이 성경 말씀에 주의 전을 사모하는 열심이 나를 삼키리라 한 것을 기억하더라.

　　예수님께서 유월절에 예루살렘으로 올라가 성전 안으로 들어가 보니 성전에서 소와 양과 비둘기 파는 사람들과 돈 바꾸는 사람들의 앉은 것을 보시게 된 것입니다.

　　예수님은 성전에서 장사하는 사람들을 보시고 화가 나서 노끈으로 채찍을 만들어 양이나 소를 다 성전에서 내어 쫓으시고 돈 바꾸는 사람들의 돈을 쏟으시며 상을 엎으시고 비둘기 파는 사람들에게 이것을 여기서 가져가라고 하시며 내 아버지의 집으로 장사하는 집을 만들지 말라고 소리치신 것입니다. 이렇게 예수님은 성전 안에서 소와 양과 비둘기 파는 사람과 돈 바꾸는 사람들을 보시고 극도로 화가 나서 채찍까지 만들어 모두 쫓아낸 것입니다.

이 말씀을 보는 오늘날 기독교인들은 예수님 당시에는 거룩한 하나님의 성전 안에서 짐승들을 팔았다고 생각 할 수 있다는 것입니다. 그런데 예수님이 화가 나신 것은 성전 안에서 짐승들을 팔아서 화가 나신 것이 아니라 하나님과 예수님의 말씀을 팔아먹기 때문에 화가 나신 것입니다.

왜냐하면 소는 영적으로 성부하나님을 말하며 양은 성자예수님을 그리고 비둘기는 성령하나님을 비유하여 말하고 있기 때문입니다. 즉 예수님은 성전 안에서 제사장(목회자)들이 삼위일체 하나님, 즉 성부하나님(소)과 성자예수님(양)과 성령하나님(비둘기)을 팔아서 장사하고 있기 때문에 화가 나신 것입니다. 오늘날 부흥집회나 교회에서 목사님들이 설교를 할 때 성령(비둘기)받을 줄로 믿고 감사(헌금)하세요 은혜(양) 받을 줄로 믿고 감사(헌금)하세요 하고 헌금을 강조하는 것이 곧 성령을 팔고 예수님을 팔아서 장사하는 행위입니다.

이렇게 예전이나 지금이나 목회자들이 성전과 교회 안에서 소와 양과 비둘기를 팔아서 돈을 치부하고 있는 것입니다. 때문에 예수님은 화가 나신 것이며 채찍을 만들어 하나님의 말씀을 팔아먹는 목회자들을 성전에서 모두 내어쫓은 것입니다. 그리고 성전 안에서 돈 바꾸는 자들은 환전상들을 말하는 것이 아니라 목회자들이 하나님의 말씀을 가감하여(비 진리) 하나님의 형상을 입혀야 할 하나님의 백성들을 가이사의 형상 곧 마귀의 자식으로 바꾸고 있는 것을 비유하여 말씀하신 것입니다.

　그리고 예수님께서 상을 엎으셨다는 것은 제사 드리는 상, 즉 말씀을 선포하는 강대상을 엎어 버렸다는 뜻입니다. 이렇게 예수님은 제사장이나 목회자들이 성전 안에서 하나님을 팔아서 장사하는 제사장(목사)들을 보시고 화가 나서 채찍을 만들어 모두 내어 쫓으신 것입니다.

　예수님께서 성전에 들어가 유대 제사장들에게 이러한 말씀과 행동을 하시기 때문에 제사장들은 물론 유대인들도 예수님을 적대시 하고 이단자로 배척을 하게된 것입니다.

　[마태복음 23장 13~15절] 화 있을찐저 외식하는 서기관들과 바리새인들이여 너희는 천국 문을 사람들 앞에서 닫고 너희도 들어가지 않고 들어가려 하는 자도 들어가지 못하게 하는도다.(14절 : 화 있을찐저 외식하는 바리새인과 서기관들이여 너희는 과부의 가산을 삼키며 사람에게 보이려고 길게 기도하고 있다. 그러므로 너희는 더 큰 심판을 받을 것이다. – 원문 성경에는 14절 말씀이 기록되어 있음) 화 있을찐저 외식하는

서기관들과 바리새인들이여 너희는 교인 하나를 얻기 위하여 바다와 육지를 두루 다니다가 생기면 너희보다 배나 더 지옥 자식이 되게 하는도다.

상기의 말씀은 예수님께서 유대교의 제사장들, 즉 세상에 속한 목자들에게 하시는 말로써 이 말씀은 오늘날 교회들과 목회자들에게도 동일하게 적용되는 말씀입니다. 예수님은 서기관들과 바리새인들을 향해 너희에게 화가 있을 것이라고 말씀을 하시는데 그 이유는 너희가 천국 문을 사람들 앞에서 닫아 놓고 너희도 들어가지 않고 들어가려 하는 자도 들어가지 못하게 하고 있기 때문이라는 것입니다.

왜냐하면 천국은 애굽(세상)교회에서 신앙생활을 하고 있는 하나님의 백성을 출애굽시켜 광야교회를 거쳐 가나안에 들어가서 하나님의 생명으로 거듭나게 해야 들어가는 곳인데 삯꾼목자들은 교인들에게 예수를 믿기만 하면 이미 하나님의 아들이 되었다고 속이면서 천국으로 가는 길을 막고 있기 때문입니다.

예수님은 이어서 이보다 더 충격적인 말씀을 하십니다. 외식하는 서기관들과 바리새인들이여 너희는 교인 하나를 얻기 위하여 바다와 육지를 두루 다니다가 생기면 너희보다 배나 더 지옥 자식이 되게 한다고 말씀하시는 것입니다. 즉 목회자들은 교인들에게 정확무오한 하나님의 말씀을 날마다 먹이고 입혀서 하나님의 형상인 하나님의 아들로 거듭나게 해야 하는데 비 진리 곧 각종교리로 가이사의 형상을 만들어 배나 더 지옥자식을 만들고 있다는 것입니다.

이와 같이 예수님은 유대 제사장들의 잘못된 신앙을 힐난하게 질책하며 징계하시기 때문에 제사장들이나 유대인들 중에서 예수님을 하나님의 아들로 믿거나 인정할 자는 단 한명도 없었다는 것입니다. 이렇게 유대교를 망하게 책망하는 예수님은 설령 하나님이 보내주신 진정한 하나님의 아들이라 해도 유대인들은 모두 배척하고 대적할 수밖에 없는 것입니다.

예수님은 이렇게 계속적으로 유대인들의 신앙을 책망하며 화가 있으라고 저주하기 때문에 유대인들은 예수님을 원수처럼 대적하며 죽일 수밖에 없는 것입니다. 때문에 유대인들은 예수님을 기회만 있으면 책을 잡아서 죽이려고 한 것입니다. 그럼에도 불구하고 예수님은 유대인들을 향해 "너희는 너희 아비 마귀에서 났다"고 말씀하면서 "너희는 하나님의 아들이 아니라 뱀의 후손이며 독사의 자식이라"고 충격적인 말씀을 하시는 것입니다.

[요한복음 8장 44~45절] 너희는 너희 아비 마귀에게서 났으니 너희 아비의 욕심을 너희도 행하고자 하느니라 저는 처음부터 살인한 자요 진리가 그 속에 없음으로 진리에 서지 못하고 거짓을 말할 때마다 제 것으로 말하나니 이는 저가 거짓말장이요 거짓의 아비가 되었음이니라 내가 진리를 말하므로 너희가 나를 믿지 아니하는도다.

상기의 말씀과 같이 예수님은 유대인들에게 너희는 너희 아비 마귀에서 났기 때문에 너희 아비의 욕심을 너희도 행하고 있다는 것입니다. 또한 예수님께서 저희가 처음부터 살인한 자라고 말씀하시는 것은 에덴동산의 간교한 뱀과 같이 저희도 하나님의 말씀을 가감하여 영혼을 죽이고 있다는 뜻입니다.

왜냐하면 에덴동산에 간교한 뱀이 선악과를 먹으면 하나님과 같이 된다고 미혹하는 것과 같이 오늘날 목회자들도 예수를 믿기만 하면 하나님의 아들이 된다고 미혹하여 영혼을 죽이고 있기 때문입니다.

이렇게 오늘날 삯꾼목자들은 예수를 믿기만 하면 구원 받아 아들이 된다고 하는 반면에 예수님께서는 구원을 받아 하나님의 아들이 되려면 첫째 나를 믿고 둘째 내 음성을 듣고 셋째 내가 주는 생명의 떡(생명의 말씀)을 먹고 넷째 내 아버지의 뜻대로 행하고 다섯째 천국을 침노하듯이 침노해야 하나님의 아들로 거듭난다고 말씀하고 있습니다.

또한 오늘날 삯꾼목자들은 예수님께서 지고가신 십자가를 믿기만 하면 구원 받는다고 말하는데 예수님은 구원을 받아 하나님의 아들이 되려면 첫째 너를 부인하고 둘째 내가 지고간 십자가를 너도 지고 나를 따라 와야 한다 말씀하고 있습니다.

문제는 하나님의 아들로 거듭나려면 반드시 오늘날 살아계신 실존예수가 계셔야 한다는 것입니다. 왜냐하면 하나님의 아들로 거듭나게 하는 것은 산 자, 즉 오늘날 살아계신 예수님이며 죽은 자, 즉 예수를 믿음으로 하나님의 아들이 되었다는 목회자들은 총회장이나 신학박사라 해도 죄를 사해 주거나 죽은 영혼을 살릴 수 없기 때문입니다.

그럼에도 불구하고 오늘날 삯꾼목자들은 자신들도 아직 하나님의 아들로 거듭나지 못한 상태에서 교인들에게 예수를 믿기만 하면 모두 하나님의 아들이 되었다고 거짓 증거를 하면서 배나 더 지옥 자식을 만들고 있는 것입니다.

이렇게 유대 제사장이나 오늘날 목회자들도 짝퉁 상품을 만들어 내 듯이 거짓말로 구원을 시켜 거짓 하나님의 아들을 만들고 있는 것입니다. 때문에 예수님께서 너희가 말을 할 때마다 자기의 것으로 거짓을 말하기 때문에 너희는 거짓말장이요 거짓의 아비가 되었다는 것인데 이는 너희 속에 진리, 즉 생명의 말씀이 없기 때문이라는 것입니다.

그러므로 내가 너희에게 진리를 말해도 너희는 내 말을 믿지도 않고 듣지도 않는다고 말씀하시는 것입니다.

[마태복음 23장 33~34절] 뱀들아 독사의 새끼들아 너희가 어떻게 지옥의 판결을 피하겠느냐 그러므로 내가 너희에게 선지자들과 지혜 있는 자들과 서기관들을 보내매 너희가 그 중에서 더러는 죽이고 십자가에 못 박고 그 중에 더러는 너희 회당에서 채찍질하고 이 동네에서 저 동네로 구박하리라.

예수님께서 유대인들을 향해 "뱀들아 독사의 자식이라"고 하는 것은 너희가 너희 아비 마귀로부터 태어났기 때문이라는 것입니다. 그러므로 내가 너희에게 선지자들과 지혜 있는 자들과 서기관들을 보내매 너희가 그 중에 더러는 죽이고 십자가에 못 박고 그 중에 더러는 너희 회당에서 채찍질하고 이 동네에서 저 동네로 구박한다는 것입니다.

예수님은 "너희가 이런 짓을 하면서 어떻게 지옥의 판

결을 피하겠느냐"고 한탄하시는 것입니다. 이렇게 격한 말씀을 하시는 예수님을 유대인들이나 오늘날 기독교인들이 어떻게 살려 둘 수 있단 말인가?

　예수님께서 유대인들에게 이러한 말씀을 하시기 때문에 유대의 대제사장과 유대인들은 예수님에게 귀신들렸다고 하면서 예수님의 얼굴에 침을 뱉고 주먹으로 치는 것입니다.

　이와 같이 유대인들이 예수님을 대적하며 핍박하는 것은 예수님께서 계속해서 유대인들의 거짓의 실체와 비리들을 모두 드러내면서 너희는 독사의 자식이라고 질책을 하기 때문입니다. 그러므로 예수님은 유대인들의 가장 큰 적이며 원수로서 유대인들을 멸망시키는 마귀나 사탄과 같은 존재입니다. 이렇게 유대인들의 입장에서 보면 예수님은 구원자가 아니라 유대교와 유대인들을 망하게 하는 가장 큰 적이며 원수로 유대인들에게는 예수님이 곧 유대인들의 적이며 적그리스도인 것입니다. 때문에 유대인들은 예수님을 배척을 하고 핍박을 하다가 결국은 십자가에 매달아 죽인 것입니다.

　이렇게 예수님의 입장에서는 자신을 대적하며 핍박하는 유대인들이 원수이며 적그리스도이지만 유대인들의 입

장에서 보면 예수님이 가장 큰 원수이며 가장 잔인한 적그
리스도인 것입니다.

　때문에 예수님께서 유대인들에게 너희는 원수(예수)를
사랑하라고 말씀하신 것입니다. 예수님께서 원수를 사랑하
라고 말씀하신 것은 곧 너희의 원수인 나를 사랑하라고 말
씀하신 것입니다. 그럼에도 불구하고 예수님과 유대인들은
물과 기름과 같이 하나가 되지 못하고 지금까지 원수가 되
어 있는 것입니다. 이렇게 유대인들은 예수님과 원수가 되
어 예수님을 대적하며 핍박한 것이며 또한 예수님에 의해
서 하나님의 아들로 거듭난 사도들도 동일하게 대적하고
핍박을 한 것입니다.

　문제는 오늘날 기독교인들도 하나님께서 보내주신 오
늘날의 예수, 즉 오늘날 하나님의 생명으로 거듭난 하나님
의 아들들을 대적하며 핍박하고 있다는 것입니다. 왜냐하
면 오늘날 육체로 온 예수님도 오늘날 기독교인들을 향해
"뱀들아 독사의 자식이라" 말하면서 잘못된 신앙을 질책하
기 때문입니다.

　이렇게 예수님의 영이 육체 안에 오셔서 하나님의 아들
로 거듭난 오늘날의 예수님도 예전에 유대인들에게 배척을
당하고 핍박을 받은 것처럼 오늘날 기독교인들에게도 이단

자로 취급을 당하면서 온갖 핍박을 받고 계신 것입니다,

이와 같이 오늘날 기독교인들에게는 오늘날 하나님께서 보내주신 하나님의 아들이 가장 큰 원수이며 적그리스도인 것입니다. 그러므로 오늘날 목회자들이나 교인들은 어느 곳에 하나님의 아들, 즉 예수님이 있다고 하면 무조건 이단이라 정죄하며 배척하는 것입니다. 때문에 오늘날 육체로 오신 하나님의 아들도 예수님과 같이 여우도 굴이 있고 새도 집이 있는데 인자는 머리 둘 곳 하나도 없다고 한숨짓고 계신 것입니다.

그러면 오늘날 육체로 오신 예수님은 지금 어디 계시며 어느 누구일까? 오늘날 말씀이 육신되어 오시는 예수님이 어느 누구라는 것은 성경을 보면 잘 알 수 있습니다.

왜냐하면 성경은 오실 예수님(구약성경)과 이미 와 계신 예수님(신약성경)에 대해서 자세히 말씀하고 있기 때문입니다.

[요한복음 5장 39절] 너희가 성경에서 영생을 얻는줄 생각하고 성경을 상고하거니와 이 성경이 곧 내게 대하여 증거하는 것이로다.

상기의 말씀과 같이 오늘날 기독교인들은 성경을 통해서 영생을 얻으려고 성경을 날마다 보고 기록까지 하면서 상고하고 있으나 성경에 기록된 말씀은 모두 하나님의 아들이신 예수님에 대해서 말씀하고 있는 것입니다. 때문에 오직 성경을 통해서만이 오늘날 육체를 입고 오신 구원자 곧 하나님의 아들에 대해서 알 수 있는 것입니다.

즉 성경을 올바로 보고 아는 자는 오늘날 구원자로 오신 예수님을 알고 있지만 오늘날 하나님께서 보내주신 예수님이 누구인지 모르는 자는 성경을 백독 혹은 천독을 하며 성경을 모두 기록했다 해도 말씀의 뜻이나 예수님에 대해서 모르는 자들입니다.

왜냐하면 성경은 모두 하나님의 백성들을 구원시키기 위해 하나님께서 보내주시는 하나님의 아들에 대하여 기록한 책이기 때문입니다. 그러므로 성경은 오직 나를 구원시키기 위해서 보내주시는 하나님의 아들이 누구인가를 알기 위해서 보아야 하는 것입니다. 그러면 하나님께서 지혜의 눈 곧 영안을 열어주셔서 오늘날 하나님께서 보내주시는 하나님의 아들을 알게 될 것입니다.

오늘날 구원자로 오신 하나님의 아들이라면 기본적으로 죄인들의 죄를 사해주고 죽은 영혼을 살려야 합니다. 그러면 그분이 바로 오늘날 육체 안에 예수님이 임하신 하나님의 아들이며 예수님입니다.

그런데 오늘날 육체를 입고 오신 예수님은 전에 유대 땅에 오셨던 예수님이 핍박을 받은 것처럼 지금도 기독교인들에게 이단자 혹은 적그리스도로 멸시천대를 받고 있는 것입니다. 그러나 오늘날 살아계신 예수님은 지금도 기독교회 주변을 맴도시며 혹시나 말씀(예수님)을 찾는 자가 있는가 하여 찾고 계시는 것입니다. 오늘날 구원자로 오신 예수님은 예전에 오셨던 예수님과 같이 오늘날 기독교인들에게 성경말씀을 통해서 이렇게 말씀하고 있습니다.

[요한복음 1장 10~13절] 그가 세상에 계셨으며 세상은 그로 말미암아 지은바 되었으되 세상이 그를 알지 못하였고 자기 땅에 오매 자기 백성이 영접지 아니하였으나 영접하는 자 곧 그 이름을 믿는 자들에게는 하나님의 자녀가 되는 권세를 주셨으니 이는 혈통으로나 육정으로나 사람의 뜻으로 나지 아니하고 오직 하나님께로서 난 자들이니라.

상기의 말씀에 '그'는 예수님을 말하며 '세상'은 하나님의 백성인 유대인들을 말하며 '계시다'는 동사는 미완료 시제로 '항상 계시다' 는 뜻입니다. 때문에 본문의 뜻은 '예수님이 세상에 항상 계셨고 하나님의 백성들은 예수로 말미암아 지은바 되었으나 하나님의 백성들이 예수를 알지 못하였고 자기 땅에 오매 자기 백성이 영접하지 아니했으나 영접하는 자 곧 그의 이름, 즉 예수님의 말씀을 믿고 영접하는 자들에게는 하나님의 자녀가 되는 권세를 주시겠다' 는 것입니다. 예수님이 주신다는 자녀의 권세는 사람의 혈통으로나 육정으로나 사람의 뜻으로 낳는 것이 아니라 오직 하나님, 즉 예수님의 입에서 나오는 생명의 말씀으로 말미암아 하나님의 아들로 낳음을 받게 된다는 것입니다.

그런데 유대 땅에 수많은 하나님의 백성들이 있었지만 육신을 입고 오신 예수님을 모두 부인하며 배척을 하였으며 육신을 입고 오신 예수님을 하나님의 아들로 믿고 영접한 자들은 오직 예수님의 열두 제자밖에 없었다는 것입니다. 이렇게 예수님을 하나님께서 보내주신 하나님의 아들, 곧 예수그리스도로 믿고 그의 말씀을 영접한 열두 제자들은 모두 하나님의 아들로 거듭나서 사도(예수)들이 되신 것입니다. 이와같이 열두 사도들은 예수님께서 생명의 말씀으로 낳은 하나님의 아들들이며 곧 예수님들입니다.

이렇게 예수님에 의해서 하나님의 아들로 거듭난 사도

들은 예수님의 뒤를 이어 하나님의 백성들을 구원하기 위해서 오신 예수님들인 것입니다.

　예수의 생명은 사도들에게서 다시 디모데 디도로 이어진 것이며 지금까지 예수님의 생명은 계속 이어져 오고 있는 것입니다. 그러므로 오늘날 기독교인들은 오늘날 하나님께서 보내주시는 하나님의 아들을 믿고 그 입에서 나오는 생명의 말씀을 듣고 영접하여 하나님의 아들로 거듭나야 하는 것입니다. 이렇게 오늘날 예수로 말미암아 하나님의 아들로 거듭난다면 그가 곧 오늘날 말씀이 육신 되어 오신 예수그리스도, 즉 오늘날 육체를 입고 오신 하나님의 아들이며 예수님이신 것입니다.

　이상의 말씀을 통해서 적그리스도의 실체와 예수그리스도에 대해서 분명하게 아셨다면 하루속히 적그리스도, 즉 삯꾼목자와 거짓 선지자로부터 벗어나 오늘날 하나님께서 구원자로 보내주시는 인간 예수님을 영접하여 모두 하나님의 아들로 거듭나야 합니다.

　예수님은 언제나 여러분 가까이 계시면서 하루속히 삯꾼목자가 인도하는 넓고 평탄한 멸망의 길에서 벗어나 참목자, 즉 오늘날 하나님의 아들(예수)이 인도하는 좁고 협착한 생명의 길로 돌아오기를 기도하고 계십니다.

11. 십 계 명

십계명은

하나님께서 모세를 시내산으로 불러서

두 돌판에 기록한 열 가지 계명으로

하나님의 백성들이 가나안 땅에 들어가

하나님의 아들로 거듭나려면

반드시 지켜야 할

하나님의 계명입니다.

십 계 명

　십계명은 하나님께서 모세를 시내산으로 불러서 두 돌판에 기록한 열 가지 계명으로 하나님의 백성들이 가나안 땅에 들어가 하나님의 아들로 거듭나려면 반드시 지켜야 할 하나님의 계명입니다. 때문에 십계명은 하나님을 믿고 섬기는 하나님의 백성이라면 어느 시대 어느 민족이나 반드시 지켜야 하는 하나님의 법이며 명령입니다. 왜냐하면 약속의 땅인 가나안에 들어가고 못 들어가는 것과 천국으로 들어가느냐 아니면 지옥으로 들어가느냐 하는 것이 모두 십계명을 올바로 지키느냐 못 지키느냐에 달려 있기 때문입니다.

　이렇게 하나님의 백성들에게 생, 사가 달려있는 중요한 십계명을 오늘날 기독교인들은 윤리도덕 정도로 생각하고 이미 지키고 있는 것처럼 착각을 하고 있거나 아니면 예전에 존재하던 이스라엘 백성들에게 주셨던 계명으로 치부하며 자신과는 아무런 관계가 없는 것처럼 도외시 하고 있는 것입니다.

　그러므로 오늘날 기독교인들은 이제부터라도 십계명을 올바로 알고 지켜서 하나님께서 주시겠다고 약속하신 가나안 땅으로 들어가야 합니다. 왜냐하면 오늘날 기독교인들도 가나안 땅으로 들어가서 예수님이 주시는 생명의 떡(말씀)을 먹고 하나님의 아들로 거듭나 천국으로 들어가려면 반드시 십계명을 지켜야만 하기 때문입니다. 그러므로 이 길이 아무리 힘들고 어렵더라도 그리고 눈물 없이 죽음 없이 못가는 길이라 해도 천국을 들어가려면 반드시 가야하는 것입니다. 그런데 이렇게 중요한 십계명이 오늘날 거짓 선지자와 삯꾼목자들에 의해 폐기되어 가나안으로 가는 길이 막혀버린 것입니다. 가나안으로 가는 길이 막혔다는 것은 곧 천국으로 가는 길이 막혔다는 것입니다.

때문에 예수님께서 거짓목자와 삯꾼목자들에게 "너희가 천국 문을 닫아 놓고 너희도 들어가지 않고 들어가려는 자도 못 들어가게 하면서 교인하나를 얻으면 배나 더 지옥 자식을 만들고 있다"고 진노하시는 것입니다. 그러므로 오늘날 진리를 따라 천국을 가려는 하나님의 백성이라면 먼저 십계명을 올바로 알고 지켜서 가나안땅으로 들어가야 합니다.

이제 십계명에 담긴 영적인 뜻과 가나안으로 가는 길에 대해서 구체적으로 한 계명씩 살펴보기로 하겠습니다.

제 1계명 : 너는 나 외에는 다른 신들을 네게 있게
말지니라.

하나님께서 하나님의 백성들에게 지키라고 주신 첫 계명은 "너는 나 외에는 다른 신들을 네게 있게 말라"는 명령으로 이스라엘백성은 물론 오늘날 기독교인들에게도 동일하게 해당되는 계명입니다. 왜냐하면 하나님의 말씀이나 계명은 예전이나 지금이나 항상 살아계신 말씀으로 어느 시대 어느 민족에게나 동일하게 적용되기 때문입니다.

첫 계명은 십계명 중에서 가장 으뜸이 되는 계명으로 매우 중요한 의미를 담고 있습니다. 그런데 이렇게 중요한 첫 계명의 의미를 확실히 모른다든가 알고도 지키지 않는다면, 나머지 다른 계명들이 있다 해도 아무런 소용이 없습니다. 때문에 하나님을 진실하게 믿는 하나님의 백성들이라면 1계명만이라도 분명하게 알아야 하고 반드시 지켜야 합니다.

그러므로 먼저 제 1계명에 담겨진 하나님의 뜻이 무엇인지 원문을 통해서 살펴보면 가장 중요한 단어는 '다른 신'입니다. '다른 신'이라는 단어는 원문에 '엘로힘 아헤림(אֱלֹהִים אֲחֵרִים)으로 기록되어 있는데 '엘로힘 아헤림'의 뜻은 '다른 신'이 아니라 '다른 하나님'입니다. 그런데 성경 번역자들이 '다른 하나님'을 '다른 신'으로 번역을 해놓은 것입니다. 지금까지 기독교인들이 십계명에 대해서 특히 첫 계명에 대하여 너무나 소홀히 했던 것은 '다른 하나님'을 '다른 신'이라고 번역을 해놓았기 때문입니다.

만일에 "너는 나 외에 다른 하나님을 섬기지 말라"고 번역을 해 놓았다면, 기독교인들은 긴장할 수밖에 없고 십계명을 대하는 자세가 달라졌을 것입니다. 왜냐하면 기독교인들이 믿고 섬기는 하나님은 오직 유일신으로 다른 하나님이 존재한다거나 다른 하나님을 섬긴다는 것은 생각조차 하지 않고 있기 때문입니다. 그런데 하나님께서 하나님의 백성에게 너희는 다른 하나님을 섬기지 말라고 엄히 명하시는 것은 하나님의 백성이 지금까지 다른 하나님을 만들어 섬기고 있기 때문입니다. 다른 하나님이란 하나님의 말씀을 가감하여 만든 각종교리와 교회의 규범과 유전들을 말하고 있습니다.

왜냐하면 말씀이 곧 하나님인데 정확무오(正確無誤)한 하나님의 말씀을 조금이라도 가감하거나 변형하여 교리나 법을 만들었다면 그 교리나 법들이 바로 다른 하나님이기 때문입니다. 오늘날 기독교인들은 자기 교단이나 교파에서 하나님의 말씀을 가감하여 만든 교리나 교회규범을 지키고 있는데 이렇게 사람이 만들어 지키고 있는 교리와 유전들을 십계명을 통해서 다른 하나님이라 말씀하시는 것입니다. 그래서 교파마다 신관(하나님을 보는 눈)이 다르고 구원관이 다르고 교회관이 다르고 천국관 등이 성경의 말씀과 다른 것입니다. 때문에 유대교회의 하나님과 이슬람교회의 하나님이 다르고 천주교회의 하나님과 개신교의 하나님이 다르고 개신교회라 해도 장로교회의 하나님과 감리교의 하나님이 다르고 침례교회와 성결교회의 하나님이 조금씩 다른 것입니다.

그러므로 하나님은 제 1계명을 통해서, 내가 하나님인데 너희들은 왜 다른 하나님을 섬기고 있냐고 말씀하시는 것입니다. 오늘날 기독교인들이 하나님의 이러한 말씀을 알게 된다면 모두 당황할 것이라 생각합니다. 왜냐하면 이스라엘 백성이나 오늘날 기독교인들은 오직 하나님 한 분만을 믿고 섬겨 왔으며, 다른 하나님이나 다른 신을 한 번도 믿고 섬긴 일이 없다고 생각하기 때문입니다.

문제는 하나님을 모태로부터 믿기 시작하여 평생 동안을 믿고 신앙생활을 해도 하나님을 막연히 믿고 있을 뿐 참 하나님과 거짓 하나님에 대하여 전혀 모르고 있다는 것입니다. 그 이유는 하나님은 영이시기 때문에 예수님이나 사도들과 같이 하나님의 생명으로 거듭난 자들 외에는 하나님을 알 수 없고 볼 수도 없기 때문입니다.

[마태복음11장 25~27절] 그 때에 예수께서 대답하여 가라사대 천지의 주재이신 아버지여 이것을 지혜롭고 슬기 있는 자들에게는 숨기시고 어린 아이들에게는 나타내심을 감사하나이다. 옳소이다. 이렇게 된 것이 아버지의 뜻이니이다. 내 아버지께서 모든 것을 내게 주셨으니 아버지 외에는 아들을 아는 자가 없고 아들과 또 아들의 소원대로 계시를 받는 자 외에는 아버지를 아는 자가 없느니라.

상기와 같이 예수님께서 말씀하신 것처럼 하나님의 계시를 받은 자, 즉 예수님이나 사도 바울과 같이 하나님의 계시를 받아 영안이 열린 자들만이 하나님의 아들로서 하나님을 알 수 있다는 것입니다. 그래서 예수님은 요한복음 3장 3절을 통해서 니고데모에게 말씀하시기를 "진실로진실로 네게 이르노니 사람이 거듭나지 아니하면 하나님 나라를 볼 수 없느니라"라고 말씀하시는 것입니다.

이렇게 영이신 하나님을 아는 것이나 영의 세계인 하나

님 나라를 보는 것은 참으로 어렵고 힘든 일입니다.

그러므로 하나님은 성령(생명의 말씀)으로 거듭나서 하나님의 아들이 된 자들만이 알 수 있고, 하나님의 나라도 볼 수 있는 것입니다. 즉 아직 하나님의 아들로 거듭나지 못한 종들은 하나님을 볼 수 없고 알 수도 없다는 뜻입니다. 오늘날 기독교인들이 하나님과 예수님을 알지 못해 믿을 수밖에 없고 천국도 갈 수 있다고 막연히 믿고 있는 것은 바로 이 때문입니다. 이렇게 오늘날 기독교인들은 하나님이나 천국에 대하여 확실히 아는 것이 없기 때문에 막연히 믿을 수밖에 없고 따라서 신앙생활도 모두 믿음으로 시작해서 믿음으로 마칠 수밖에 없는 것입니다.

하나님께서 택하신 유대인들도 유일하신 참 하나님을 모르기 때문에 다른 하나님을 참 하나님으로 믿고 섬겼던 것입니다. 이스라엘 백성들이 출애굽하기 전 애굽에서 믿고 섬겼던 하나님이 바로 다른 하나님인데 다른 하나님은 교리와 기복의 하나님을 말합니다.

하나님께서 인간들의 생사화복을 주관하고 계신 것은 화와 복을 통해서 죽을 영혼을 구원하여 영원한 생명을 주시기 위함입니다. 그런데 하나님의 백성들이 구원과 생명에는 관심이 없고 기복에만 치우쳐 신앙생활을 하고 있는 것입니다.

　이렇게 애굽에 속한 하나님의 백성들은 하나님을 믿고 섬기는 것은 모두 자신의 욕심을 채우기 위함이며 축복을 받아 이 세상에서 부귀영화를 누리며 잘 살기를 원하는 기복신앙입니다. 때문에 이들이 원하는 구원과 영생 혹은 천국을 가려는 목적도 하나님의 뜻을 이루려는 것이 아니라 자기의 뜻, 즉 욕심을 채우기 위한 목적으로 신앙생활을 하고 있는 것입니다. 결국 이스라엘 백성이나 오늘날 기독교인들이 하나님을 의지하며 신앙생활을 하는 목적이 모두 이 세상에서 채워지지 않는 자신의 욕심을 하나님의 도우심으로 채우려고 신앙생활을 하고 있다는 것입니다.

　이렇게 자신의 욕심을 채우기 위해서　믿고 섬기는 하나님이 바로 다른 하나님입니다. 오늘날 기독교인들도 자신의 욕심을 채우기 위해서 신앙생활을 하고 있다면 아직도 애굽에 속한 자요 창조주 하나님을 섬기는 것이 아니라 기복의 하나님, 즉 다른 하나님을 섬기고 있다는 것을 알아야 합니다. 그럼에도 불구하고 애굽 교인들의 신앙생활이 모두 하나님의 표적과 이적을 바라고 원하는 신앙이요, 세상의 축복을 받아 잘 살기를 원하는 기복적인 신앙입니다.

　그러므로 이들의 신앙생활은 모두가 자기 중심적인 기

복신앙으로 이들의 내면을 자세히 관찰해 보면, 하나님보다 자신을 더 사랑하며 신앙도 자신의 유익이나 욕심을 채우기 위해서 하고 있습니다. 왜냐하면 하나님을 믿고 섬기는 신앙인들이라면 당연히 하나님께서 주인이 되시고 자신들은 종이 되어야 함에도 불구하고 입술로만 하나님이 주인이라 말하면서 실상은 자신이 주인의 자리에 앉아서 상전 노릇을 하고 있기 때문입니다.

이렇게 육신에 속한 자들의 신앙생활은 하나님을 위해서 하는 것이 아니라 자기 욕심을 채우기 위해서 하는 것입니다. 때문에 하나님을 열심히 믿다가도 자신에게 불 유익이 오거나 싫증이 나면 신앙생활을 중단하기도 하고 다른 종교로 바꾸기도 하는 것입니다. 이런 자들은 하나님이 주인이 아니라 자신이 주인이며 자신이 곧 하나님인 것입니다. 결국 이들이 섬기는 하나님은 하나님이 아니라 자신인데 이를 다른 하나님이라 말씀하고 있는 것입니다. 이와 같이 이스라엘 백성들이 애굽 땅에서 믿고 섬겼던 바로왕은 다른 사람이 아니라 바로 자신이라는 것입니다.

그러므로 하나님께서 출애굽을 한 이스라엘 백성들에게 일 계명을 통해서 너는 나 외에 다른 신(하나님)들을 있게 말라고 명하시는 것입니다.

제 2계명 : 너를 위하여 새긴 우상을 만들지 말고 또 위로 하늘에 있는 것이나 아래로 땅에 있는 것이나 땅 아래 물속에 있는 것의 아무 형상이든지 만들지 말며 그것들에게 절하지 말며 그것들을 섬기지 말라. 나 여호와 너의 하나님은 질투하는 하나님인즉 나를 미워하는 자의 죄를 갚되 아비로부터 아들에게로 삼사 대까지 이르게 하거니와 나를 사랑하고 내 계명을 지키는 자에게는 천 대까지 은혜를 베푸느니라.

제 2계명은 너를 위하여 어떤 형상이든지 어떤 우상이든지 만들어 섬기지 말라는 하나님의 명령입니다. 이스라엘백성이 하나님을 믿고 신앙생활을 열심히 하였음에도 불구하고 안식의 땅에 들어가지 못하고 멸망당하게 된 것은 하나님의 말씀에 불순종한 것과 우상 하나님을 만들어 섬겼기 때문입니다. 일반적으로 우상숭배란 사람들이 신앙의 대상으로 목석이나 금속으로 만들어 놓은 각종 형상들을 신처럼 모셔놓고 하나님과 같이 믿고 섬기는 것을 말합니다.

그러나 하나님께서는 외적으로 나타난 우상보다 사람 내면에 자리 잡고 있는 하나님, 즉 교리와 기복으로 의식화된 고정관념들을 우상이라 말하고 있습니다. 즉 신학교나 교회에서 신학적이나 교리적으로 가르침을 받아 머릿속에 인식된 신(하나님)관, 교회관, 구원관, 천국관등을 말하고 있습니다. 이렇게 사람으로부터 가르침을 받아 가지고 있는 교리나 신학 지식들은 하나님의 말씀과 다르기 때문에 하나님의 아들이 전하는 영적인 말씀을 판단하고 정죄하는 것입니다.

성경에는 하나님과 교회와 구원의 과정과 천국 등에 대해서 자세하고도 분명하게 보여주고 가르치고 있기 때문에 하나님의 말씀 외에는 그 어떤 교리나 신학문을 만들거나 교인들에게 가르치면 절대로 안 되는 것입니다. 왜냐하면 하나님께서 하나님의 말씀은 일점일획이라도 더하거나 빼거나 하지 말라고 엄히 명하고 있기 때문입니다.

그럼에도 불구하고 하나님의 백성은 외적으로 각종 하나님의 형상을 만들어 믿고 섬기는 것은 물론 하나님의 말씀을 가감하여 각종교리를 만들고 신학문을 만들어 교인들을 가르쳐 다른 하나님으로 의식화시키고 있는 것입니다. 그러므로 하나님은 2계명을 통해서 우상이나 형상에 대해서 엄히 명하시고 있는 것입니다.

오늘날 기독교인들은 하나님은 창조주이시며 우리 인

간들은 피조물들이라는 것을 망각해서는 안 됩니다. 때문에 하나님이 인간을 만드시는 것이지 인간이 하나님을 만들어서는 절대로 안되는 것입니다. 그런데 출애굽하여 광야로 나온 이스라엘 백성이 모세가 잠시 자리를 비운 동안에 그들이 소지하고 있던 금속들을 모두 모아서 애굽에서 섬기던 하나님, 즉 금송아지를 만든 것입니다.

이들이 광야에서 만든 금송아지가 바로 이스라엘 백성이 자기 욕심을 채우기 위해 애굽에서 믿고 섬겼던 기복의 하나님인 것입니다.

그러면 이스라엘 백성이 소지하고 있던 금은 무엇이며 그들이 만든 금송아지의 실체는 과연 무엇일까? 애굽에서 가지고 나온 금은 유교병, 즉 가감된 말씀이요, 금으로 만든 금송아지는 애굽에서 믿고 섬겼던 기복의 하나님을 말하고 있습니다. 즉 이스라엘 백성이 애굽에서 믿고 섬겼던 하나님은 진리와 생명의 하나님이 아니라 그들의 기복을 위해 만들어 놓은 각종교리라는 것을 비유로 말하고 있는 것입니다.

이스라엘의 백성과 그의 후손들은 그 후에도 끊임없이 수많은 형상의 신상들, 즉 다른 교리와 기복의 하나님을 만들어 섬겼기에 하나님께서는 이런 자들을 계속하여 멸하셨던 것이며 하나님께서는 다른 죄는 용서하실 수 있으나 기복의 우상을 만들어 섬기고 있는 자들의 죄는 절대로 용서하지 않는다는 것을 알아야 합니다. 그런데 하나님의 백성이 하나님을 잊어버리고 다른 하나님을 섬기는 이유는 여호와 하나님의 소리, 즉 하나님의 말씀을 청종하지 않기 때문이라는 것이며 이 뜻은 하나님의 말씀을 청종하지 않으면 말씀을 잊어버리게 되고, 말씀을 잊어버리면 다른 말씀에 미혹되어 다른 하나님을 섬길 수밖에 없다는 것입니다.

그러므로 제 2계명에 너는 너를 위해 우상을 만들지 말라는 계명을 좀더 구체적으로 살펴보기로 하겠습니다.

1) 너를 위하여 새긴 우상을 만들지 말라

하나님께서 우상을 만들지 말라고 명하시는 이유는 하나님의 백성이 예전이나 지금이나 우상을 만들고 있기 때문입니다. 그런데 오늘날 기독교인들은 지금까지 우상을 만든 일은 물론 우상을 섬긴 적도 없기 때문에 이 계명과는 전혀 관계가 없다고 생각하고 있습니다.

왜냐하면 기독교인들이 생각하는 우상은 외적으로 형상화된 것(손으로 만든 것)만 우상이라 알고 있으며, 자기 안에 모시고 있는 각종 교리에 의해 머릿속에 의식화된 신앙의 고정관념들, 즉 기독교의 교리나 유전을 통해서 머릿속에 가지고 있는 다른 예수, 다른 복음, 다른 영들이 우상이라는 것을 전혀 모르고 있는 것입니다.

이러한 우상들은 모두 자신을 위해서 혹은 자기 교회와 교단과 교파의 유익을 위해서 만든 것들입니다. 그러나 하나님의 말씀 이외에 어떠한 교리나 유전이나 교회의 법 등을 절대로 만들어서도 안 되지만 사람들이 만들어 놓은 이러한 교리들을 믿고 따르거나 지켜서는 더더욱 안 된다는 것입니다. 그러므로 새긴 우상을 만들지 말라는 영적인 의미를 분명하게 알아야 합니다.

[레위기 26장 1절] 너희는 자기를 위하여 우상을 만들지 말찌니 목상이나 주상을 세우지 말며 너희 땅에 조각한 석상을 세우고 그에게 경배하지 말라. 나는 너희 하나님 여호와임이니라.

하나님께서 사람들이 자신을 위해서 만들어 섬기는 것들은 외적이든 내적이든 모두 우상이라고 말씀하고 있습니다. 하나님의 백성이 하나님을 믿으면서도 또 다른 우상을 만드는 것은 자신 안에 자리 잡고 있는 욕심 때문입니다. 왜냐하면 대부분의 사람들이 처음에 신앙생활을 하는 동기가 진리나 생명을 찾기 위한 것이 아니라 세상에서 채워지지 않는 욕심을 하나님을 통해서 채우려고 시작하기 때문입니다.

그러므로 진리의 하나님을 믿으면서도 또 다른 하나님, 즉 자신의 욕심을 채워주는 기복의 하나님을 만들어 섬기고 있는 것입니다. 이처럼 하나님께서는 나무나 주물로 예수님의 형상이나 마리아의 형상을 만들어서 수호신처럼 외적으로 섬기고 있는 것뿐만 아니라 사람 내면에 자리 잡아 자신을 유익하게 만들어 섬기는 하나님, 즉 교리와 기복으로 의식화된 고정관념들을 우상이라 말씀하고 있습니다. 이렇게 하나님께서는 하나님의 백성이 섬기는 다른 하나님이 성읍의 수와 같이 많다고 말씀하시는 것입니다.

오늘날 기독교회의 하나님이 교파마다 다르고 교회마다 다른 것은 교인들에게 가르치는 교리, 즉 신관이나 교회관이나 구원관이나 천국관이 조금씩 다르기 때문인 것이며 하나님께서는 이렇게 사람들이 만들어 놓은 각종 교리와 유전들을 다른 하나님 곧 마귀나 귀신 또는 바알이라 말씀하고 있는 것입니다.(예레미야 11장13-15절)

그런데 이상한 것은 기독교인들은 타 종교인들이 만들어 놓은 각종 모양과 형상들을 모두 우상이라 비방하면서 하나님의 백성이 만들어 놓은 각종 형상들, 즉 예수님의 형상이나 마리아의 형상 혹은 사도들의 형상이나 십자가의 형상들은 전혀 우상으로 생각조차 하지 않고 있다는 것입니다. 그러나 "새긴 우상을 만들지 말라"고 명하시는 대상은 분명히 하나님을 믿고 섬기고 있는 하나님의 백성들이라는 것을 알아야 하는 것입니다.

　기독교인들은 불교의 사찰들 안에 있는 각종 부처님의 형상을 바라보며 불교는 우상종교라 비방을 하면서도 천주교 성당 안에 웅장하고 화려하게 장식되어 있는 수많은 신상들과 성화들은 침묵하고 있습니다. 그런데 '너는 너를 위하여 새긴 우상을 만들지 말라'는 말씀들을 보고 신앙생활을 하는 천주교회들은 조금도 주저하지 않고 지금도 사람들이 만들어 놓은 마리아나 예수님의 형상에게 절을 하며 섬기고 있는 것입니다.

　그러나 하나님께서 이렇게 사람들이 만든 성전과 신상들은 하나님을 위해 분향하려는 것이 아니라 바알에게 분향하기 위해서 만든 것이라고 충격적인 말씀을 하고 계십니다. 이렇게 하나님께서 하나님을 믿는 하나님의 백성이 하나님의 계명을 범하면서 계속해서 신상들을 만드는 것은 행음, 즉 영적인 간음을 하고 있는 것이라 말씀하십니다. 그런데 천주교에서는 이러한 형상을 만들고 만든 형상을 섬기며 절하기 위해서 2계명, 즉 너를 위하여 우상을 만들지 말고 그것들에게 절하지 말라는 계명을 교리에서 삭제해 버린 것입니다.

하나님께서 하나님의 말씀은 일점일획이라도 가감하지 말라고 엄히 명하심에도 불구하고 천주교회는 십계명의 제2계명을 통째로 빼어버리고 별도의 천주교 계명인 십계를 만든 것입니다.

천주 십계 (천주교 교리집의 십계명)

1. 하나이신 천주를 흠숭하라.

2. 천주의 이름을 헛되이 부르지 말라

3. 주일을 거룩히 지내라.

4. 부모에게 효도하라.

5. 사람을 죽이지 말라.

6. 간음 하지 말라.

7. 도둑질을 하지 말라.

8. 거짓증언을 하지 말라.
9. 남의 아내를 탐내지 말라.
10. 남의 재물을 탐내지 말라.

천주교의 절대 권위는 하나님이 아니라 교황입니다. 그러므로 천주교인들은 교황이 명하는 모든 말씀과 그가 제정한 교리들은 곧 하나님의 법이라 믿고 있는 것입니다. 이렇게 천주교회가 교황이나 신부님을 하나님과 같이 섬기며 신앙생활도 교황이 정한 교리를 중심으로 하고 있습니다. 그러므로 천주교회는 하나님께서 주신 십계명의 제2계명을 과감히 삭제해버리고 교황에 의해서 십계라는 교리를 만들어 지키고 있는 것입니다. 이것은 예수님께서 말씀하신 바와 같이 하나님의 계명을 사람의 계명으로 바꾸어 지키고 있는 행위입니다.

결국 천주교회는 하나님의 계명이나 성경말씀을 무시하고 교황의 권위로 취향에 맞도록 마음대로 뜯어고치고 변형하였기에 사람들에 의해서 만들어진 형상들을 믿고 섬기며 절도 할 수 있도록 허용하고 있는 것입니다. 때문에 일반 가정에서도 마리아상이나 예수님의 형상을 수호신처럼 모셔놓고 절을 하며 기도를 하고 있는 것입니다.

그런데 이러한 현상들은 개신교에서도 모양이나 규모가 좀 다를 뿐 예수님이나 십자가 형상을 교회 안이나 가정에 모셔놓은 것을 볼 수 있습니다. 또한 십자가 모양의 목걸이나 액세서리를 만들어 몸에 지니면서 그것이 악귀를 물리치고 자신을 보호해주는 수호신과 같은 효력이 있는 것으로 생각하는 사람도 있는 것입니다. 그러나 이러한 신상들은 생명이 없기 때문에 입이 있어도 말을 못하고 귀가 있어도 듣지 못한다는 것입니다.

　그런데 이러한 말 못하는 우상들은 이렇게 사람이 만들어 놓은 형상들 뿐만 아니라 신학교나 교회로부터 교리를 통해서 만들어지는 거짓 선지자와 삯꾼목자들도 있다는 것을 알아야합니다. 오늘날 삯꾼목자들은 하나님의 기름부음이나 성령의 잉태와 전혀 관계없이 단지 신학의 과정을 마치고 교단으로부터 안수를 받아 목자가 된 자들입니다. 이런 자들은 니고데모와 같이 말씀을 지식적으로는 알고 있으나 하나님의 나라, 즉 영의 세계는 보지 못하는 자들입니다.

　예수님은 이런 자들은 소경된 인도자라고 말씀하시면서 소경이 소경을 인도하면 모두 구덩이에 빠져 죽게 된다고 말씀하시는 것입니다. 그러므로 교인들이 살고 죽는 것은 목자의 말씀에 달려있습니다. 즉 참 목자가 주는 생명의 말씀을 먹으면 살고 삯꾼목자들이 학문적으로 전하는 생명이 없는 말씀을 먹으면 죽는다는 것입니다. 그러므로 오늘날 기독교인들은 하나님으로부터 기름부음을 받은 참 목자, 즉 하나님의 생명으로 거듭난 하나님의 아들을 찾아서 생명의 말씀을 듣고 먹어야 하는 것입니다.

　　그러면 반드시 죄 사함을 받을 수 있고 하나님의 아들로 거듭나서 예수님이나 사도들과 같이 참 목자가 될 것입니다.

　2) 위로 하늘에 있는 것이나 아래로 땅에 있는 것이나 땅 아래 물속에 있는 것의 아무 형상이든지 만들지 말며 그것들에게 절하지 말며 그것들을 섬기지 말라.

　　땅에 있는 형상들은 누구나 잘 알고 있지만, 하늘에 있는 형상이나 땅 아래 물속에 있는 형상을 아는 사람은 그리 많지 않다고 생각합니다.

　　문제는 하나님께서 하나님의 백성이 이미 하늘과 땅과 물속에 각종형상들을 만들어 놓고 그것들을 향해 절하며 섬기고 있기 때문에 하신 말씀이라는 것입니다. 그러면 하나님의 백성이 하늘과 물속에 만들어 놓고 섬기고 있는 형상은 과연 어떤 것들을 말씀하시는 것일까?

　하나님께서 말씀하시는 하늘과 땅은 하늘에 속한 존재들과 땅에 속한 존재들을 비유로 말씀하신 것입니다. 그러므로 하늘에 있는 것들을 만들어 섬기지 말라는 것은 영적인 존재, 즉 하나님의 형상이나 예수님의 형상 혹은 마리아의 형상이나 사도들의 형상들을 만들지 말고 그것들에게 절을 하거나 섬기지 말라는 것입니다. 그런데 만일 이러한 형상을 만드는 자나 만들어 놓은 형상에 절을 하거나 그것들을 섬긴다면 하나님께서 그 죄를 아비로부터 아들로 이어져 삼사 대까지 갚겠다고 엄히 명하시는 것입니다.

　그런데도 불구하고 이러한 하나님의 명령을 도외시하고 이러한 형상들을 만들어 놓고 절을 하거나 그 형상을 바라보고 기도를 하고 있는 것입니다. 그런데 하나님께서 만들지 말라는 형상은 이러한 외적인 형상보다 내적인 형상, 즉 기독교인들이 지금까지 보지 못하고 알지도 못하는 하나님의 형상이나 예수님의 형상 혹은 아직 가보지도 않은 천국을 들은 말씀으로 자기 나름대로 상상하여 머릿속이나 마음속에 모시거나 섬기지 말라는 뜻입니다.

　그러면 땅 아래 물속에 있는 형상들은 과연 어떠한 것

들을 말씀하고 계실까? 땅 아래 물속의 형상들은 바다 속에 있는 물고기나 고래와 같은 형상들을 만들어 그것들에게 절하거나 섬기지 말라는 뜻이 아닙니다.

하나님의 말씀은 모두가 비유와 비사로 말씀하셨기 때문에 십계명에서 말씀하신 물도 하나님의 말씀을 영적인 비유로 말씀하시고 있다는 것을 알아야 합니다.

물은 요한복음 4장에서 예수님과 수가성 우물가 여인과의 대화에서 잘 보여주듯이 물은 하나님의 말씀을 비유한 것이며 생수는 예수님의 입에서 나오는 생명의 말씀을 비유하여 말씀하고 있는 것입니다.

[요한복음 4장 13~14절] 예수께서 대답하여 가라사대 이 물을 먹는 자마다 다시 목마르려니와 내가 주는 물을 먹는 자는 영원히 목마르지 아니하리니 나의 주는 물은 그 속에서 영생하도록 솟아나는 샘물이 되리라.

상기의 말씀은 야곱의 우물에 물 길러 나온 수가성의 여인과 예수님이 만나서 나누는 대화입니다. 그런데 예수님께서 주시는 영원히 목마르지 않는 물은 어떠한 물이며 이런 물이 과연 존재하고 있을까하는 의구심이 들것이라 생각됩니다.

문제는 이 세상에 존재하는 물은 아무리 좋은 물이라 해도 영원히 목마르지 않는 물은 없었으며 또한 이런 물이 있다고 믿는 사람도 없다는 것입니다. 그렇다면 예수님께서 말씀하신 물은 먹는 물이 아니라 예수님의 입에서 나오는 생명의 말씀을 비유로 말씀하셨다는 것을 알아야 합니다. 즉 아직 거듭나지 못한 목자의 입에서 나오는 말씀은 물이고 거듭난 자의 입에서 나오는 말씀은 생수라는 뜻입니다.

이와 같이 성경에서 말씀하고 있는 물은 우리가 먹고 마시는 물이 아니라 하나님의 말씀을 비유로 표현하고 있습니다. 그러므로 기독교인들이 세례식이나 침례식에 사용하는 물로는 죄를 깨끗이 씻을 수 없는 것입니다. 왜냐하면 죄를 씻을 수 있는 것은 물이 아니라 하나님의 말씀이기 때문입니다.

성경을 통해 말씀하고 계신 영적인 할례나 세례는 하나님의 말씀으로 우리 내면에 들어있는 죄 성을 깨끗하게 씻는 것을 말하는 것이며 또한 말씀을 통해서 옛 사람이 죽고 말씀과 함께 다시 사는 것을 말씀하고 있습니다.

이와 같이 성경에서 말씀하고 있는 물의 영적인 의미는

하나님의 모든 말씀을 가리키는 것으로서 물 속에 있는 것들이란 곧 하나님의 말씀 속에 있는 모든 것들이라는 말입니다. 결국 하나님의 백성이 물 속에 만들어 놓고 섬기는 우상들은 바로 하나님의 말씀을 인용하여 만들어낸 각종 교리와 교회의 법 그리고 지금까지 전통적으로 이어오고 있는 유전들을 말하고 있는 것입니다. 그런데 가장 심각한 문제는 오늘날 목회자들이 하나님의 말씀을 가감하여 만들어 내는 설교들이 교인들의 머릿속에 각종 하나님의 형상을 만들고 있다는 것을 전혀 모르고 있는 것입니다.

오늘날 기독교인들은 삯꾼목자들로부터 가감된 말씀을 받아서 머리나 마음속에 각종 하나님의 형상을 만들어 놓고 그 형상들을 하나님처럼 섬기고 있는 것입니다. 이렇게 잘못된 말씀을 받아 형성된 다른 하나님이 머릿속에 인식되어 있기 때문에 오늘날 하나님께서 보내주시는 하나님의 아들을 모르고 오히려 다른 예수라고 배척을 하고 있는 것입니다.

하나님은 이렇게 거짓목자와 삯꾼목자들이 요리하여 만들어 내는 비 진리가 바로 교인들에게 인식되고 의식화되기 때문에 땅 아래 물속에 있는 형상들을 만들지 말고 절하지 말라고 명하시는 것입니다.

3) 나 여호와 너의 하나님은 질투하는 하나님인즉 나를 미워하는 자의 죄를 갚되 아비로부터 아들에게로 삼 사대까지 이르게 하거니와 나를 사랑하고 내 계명을 지키는 자에게는 천대까지 은혜를 베푸느니라.

오늘날 기독교인들이 믿고 있는 하나님은 오직 사랑의 하나님으로 모두가 좋으신 하나님으로만 알고 있습니다. 그런데 "나 여호와 너의 하나님은 질투하는 하나님으로 나를 미워하는 자의 죄를 갚되 아비로부터 아들에게로 삼사대까지 이르게 하겠다"고 말씀하고 있습니다. 이렇게 기독교인들이 알고 있는 사랑의 하나님과 성경이 말씀하고 있는 두려운 하나님은 너무나 다르다는 것을 알아야 합니다. 이렇게 하나님을 미워하는 자들에게는 두려운 하나님이지만 하나님을 사랑하는 자들에게는 은혜를 천 대까지 베푸시는 공의로우신 하나님이십니다.

하나님께서 나를 사랑한다는 것은 곧 하나님의 계명을 사랑하는 자를 말하며 하나님을 미워한다는 것은 곧 하나님의 계명을 미워하고 싫어하는 자를 말하고 있습니다.

이와 같이 오늘날 기독교인들도 잘못된 다른 하나님과 우상 신앙에서 돌이키지 않거나 하나님의 계명을 버리고 사람이 만든 교리나 법을 지킨다면 하나님의 말씀과 같이 그 죄를 삼사 대, 즉 아비로부터 아들과 손자에 이르기까지 받게 된다는 것을 알아야 합니다. 그러나 하나님을 사랑하는 자 곧 하나님의 계명을 사랑하며 올바르게 지키는 자들은 하나님께서 주시는 복을 천 대까지 받게 되는데 천 대는 상징적인 수로 영원한 하늘의 복, 즉 영원한 하나님의 생명을 받는다는 뜻입니다.

그러므로 하나님을 사랑하는 자들은 지금부터라도 삯꾼목자와 교리신앙에서 하루속히 벗어나 하나님의 계명을 찾아서 올바르게 지키며 진실된 신앙생활을 해야 하는 것입니다. 그래서 그동안 삯꾼목자들로부터 오염된 말씀을 받아 더럽기가 한량없고 추하기 그지없이 쌓아놓은 고정관념들을 깨고 부수어 깨끗하게 버리게 되는 것인데 이렇게 된 자 곧 하나님의 뜻에 따라 신앙생활을 올바르게 한 자들에게 하나님께서 천 대까지 복이 있다고 말씀 하시는 것입니다. 때문에 그 복은 생명나무 곧 생명의 근원인 예수님을 통하여 천국에 들어갈 권세를 얻게 된다는 것입니다.

그러나 지금도 회개하지 않고 하나님의 말씀을 더럽히는 개들과 술객들과 우상숭배자들 속에 계속 머물고 있는 자들은 모두 성 밖, 즉 지옥으로 들어가 형벌을 받게 된다는 것입니다.(요한계시록 22장15절).

　　그러므로 이 말씀을 하나님의 말씀으로 들은 자들은 지금이라도 잘못된 넓고 평탄한 멸망의 길에서 돌이켜 좁고 협착한 생명의 길로 돌아와야 합니다. 그러면 하나님께서 모든 죄를 용서해 주시고 사랑과 은혜가 넘치는 생명의 길로 인도해 주실 것입니다.

　　(상기 십계명의 내용은 십계명 해설서의 1~2계명의 내용을 요약 발췌하여 기록한 것입니다)

❖ **천국 문을 여는 다윗의 열쇠 (요한계시록 해설서)**
  글/둘로스 데우 C 301쪽 /신국판 양장 정가 8.000원

❖ **요한복음 (요한복음 해설서)상.하권**
  글/둘로스 데우 C 379쪽 /신국판 양장 각권 20.000원

❖ **주기도문 (주기도문 해설서)**
  글/둘로스 데우 C 293쪽 /신국판 양장 정가 13,000원

❖ **십계명 (십계명 해설서)**
  글/둘로스 데우 C 345쪽 /신국판 정가 15.000원

❖ **도마복음 (도마복음 해설서)**
  글/둘로스 데우 C 565쪽 /신국판 정가 30.000원

❖ **창세기 (창세기 해설서)**
  글/둘로스 데우 C 345쪽 /신국판 정가 15.000원

❖ **지옥문 앞에서 슬피 울고 있는 자들**
  글/둘로스 데우 C 285쪽 /신국판 양장 정가 8.000원

❖ **하늘에서 온 그리스도의 편지**
  글/둘로스 데우 C 363쪽 /신국판 양장 정가 9.500원

❖ **사랑이 머무는 곳**
  글/이명자 195쪽 /4x6(칼라)판 양장 정가 9.000원

❖ **불교와 기독교의 허구와 진실**
  글/둘로스 데우 C 393쪽 /신국판 양장 정가 22.000원

❖ **성경에 나타난 전생과 윤회의 비밀**
  글/둘로스 데우 C 317쪽 /신국판 양장 정가 12.000원

❖ **천지창조의 진실과 허구**
  글/둘로스 데우 C 331 쪽 /신국판 양장 정가 15.000원

❖ **사와 생**
  글/둘로스 데우 C 297쪽 /신국판 정가 8.000

종말(말세)의 허구와 진실

글 · 둘로스 데우 · C

초판 1쇄 2014.07.19

●

펴낸이 · 이용재   발행처 · 의증서원

●

등록 · 1996. 1. 30 제 5-524

●

서울시 동대문구 답십리 5동 530-11 의증빌딩 4층

정가 20,000원

도서출판 의증서원

전화. 02)2248-3563 . 010-5395-4296 . 팩스.02)2214-9452

우리은행 : 812-026002-02-101 . 예금주: 이용재

홈페이지: www.ejbooks.com